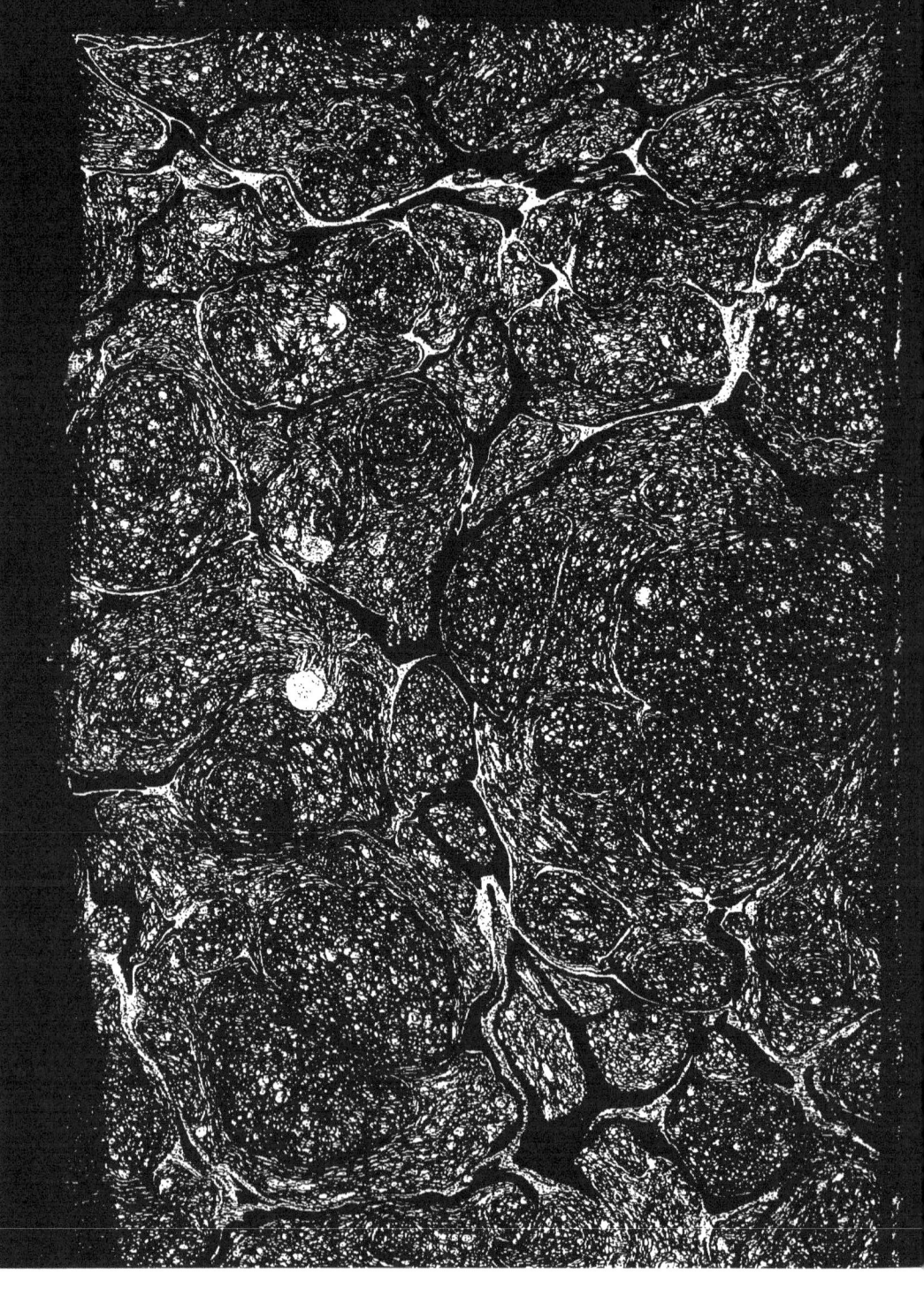

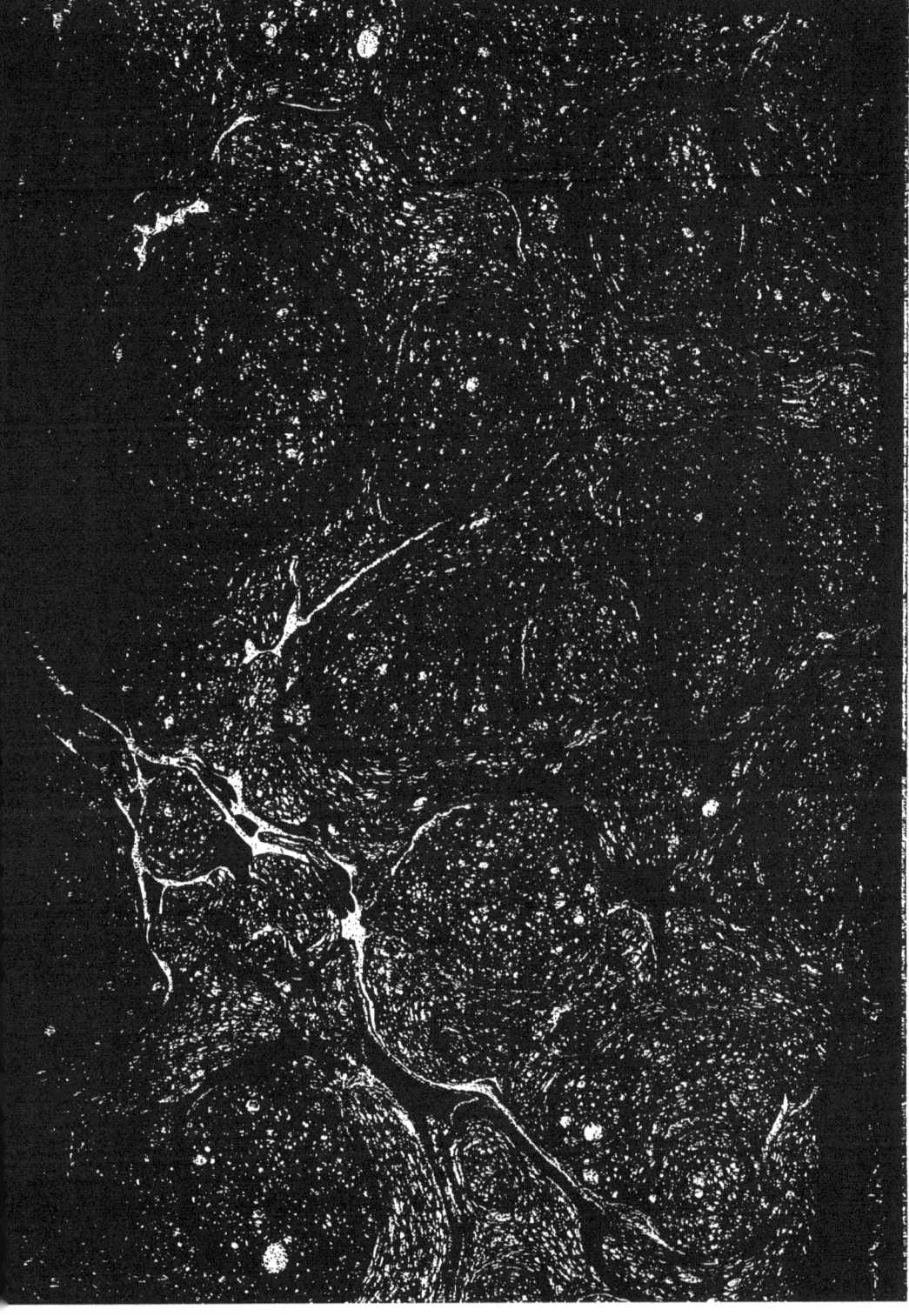

ITINÉRAIRE DESCRIPTIF

OU

DESCRIPTION ROUTIÈRE,

GÉOGRAPHIQUE, HISTORIQUE ET PITTORESQUE

DE LA FRANCE ET DE L'ITALIE.

DE L'IMPRIMERIE DE LEFEBVRE.

ITINÉRAIRE DESCRIPTIF

OU

DESCRIPTION ROUTIÈRE,

GÉOGRAPHIQUE, HISTORIQUE ET PITTORESQUE

DE LA FRANCE ET DE L'ITALIE.

RÉGION DU SUD-EST.

ROUTES DE PARIS A MILAN.

Par VAYSSE DE VILLIERS, Inspecteur des Postes, Associé-Correspondant des Académies de Dijon et de Turin, Membre de celle des Arcades de Rome.

Prix, 4 f. 50 c. avec la carte.

PARIS,

CHEZ POTEY, LIBRAIRE, RUE DU BAC, N°. 46.

1819.

Note des Volumes publiés jusqu'à ce jour.

Routes de Paris à Lyon, 1 vol., 1 carte. . . 4 f. c.
de Lyon à Turin, 1 vol., 1 carte . . 3 25
de Turin à Florence, 1 vol., 1 carte. 3 75
de Florence à Rome et Naples, 1 vol.,
2 cartes. 5 50
de Lyon à Marseille, 1 vol., 1 carte. 3 75
de Marseille à Gênes et Turin, 1 vol.,
1 carte. 3 75
de Paris à Calais, 1 vol., 1 carte. . 3 50
de Paris à Beaucaire, Nîmes et Tou-
louse, 1 vol., 1 carte. 5
de Paris à Bordeaux, 1 vol., 1 carte. 5
de Paris à Genève, 1 vol., 1 carte. . 4
de Genève à Milan et Turin, 1 vol.,
1 carte. 4 50

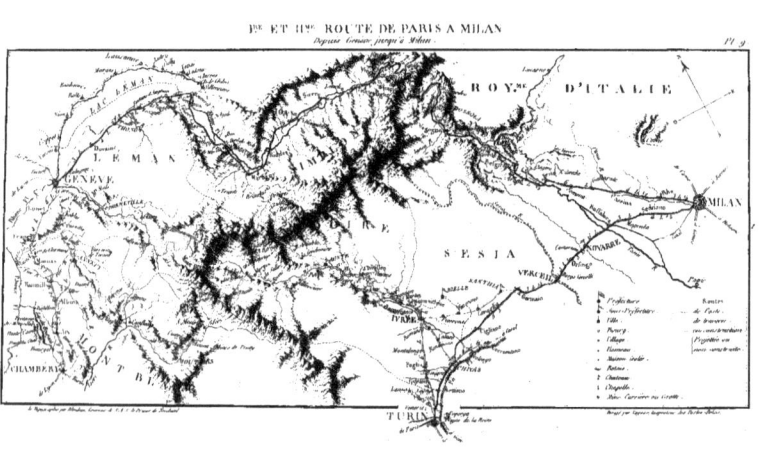

ITINÉRAIRE DESCRIPTIF,

OU

DESCRIPTION ROUTIÈRE,

GÉOGRAPHIQUE, HISTORIQUE ET PITTORESQUE

DE LA FRANCE ET DE L'ITALIE.

Ire. ROUTE DE PARIS A MILAN

Par Genève et le Simplon,

234 lieues.

Depuis Paris jusqu'à Genève. (V. 1re route de Paris à Genève, par Dijon.

               lieues.
36 paragraphes. 125
   (2e. *route par Mâcon*, 139 *lieues.*)

§ 37. *De Genève à Dovaine*. 5
§ 38. *De Dovaine à Thonon*. 4

On parcourt la première lieue en longeant la rive méridionale du lac, au milieu des nombreuses maisons de campagne dont elle est décorée, jusqu'au joli coteau de Coligny, où elles finissent, avec le territoire genevois. Ce coteau qui borde le lac, est tellement couvert de berceaux et de bosquets, que les habitations dont ils dépendent s'entrevoient à peine au milieu de ces touffes de verdure : c'est un des points de vue les plus ravissans qu'offre l'horizon de Genève.

On entre ensuite, en s'éloignant du lac, dans les plaines aussi fertiles que riantes du Chablais, la plus riche province de la Savoie. Elles sont cultivées, partie en champs, qui rendent 5 à 6 pour un, quoique ombragés de noyers et de haies vives, partie en vignes, qui non moins abondantes, ne sont pas aussi productives, à cause de la faible qualité des vins du Chablais.

Dovaine, où est le premier relais, est un village peu considérable, et Thonon, où l'on rejoint le lac, une petite ville de 3000 habitans, chef-lieu de sous-préfecture, et siége d'un tribunal civil. Elle consiste presque toute entière en deux rues, celle par laquelle on la traverse, et une autre qui aboutit au lac. Une petite terrasse plantée d'arbres, et décorée d'une fontaine en obélisque, offre une vue charmante sur le lac et le pays de Vaud. La ville n'a rien de remarquable elle-même, ni aucun genre de commerce. — *Parcouru depuis Paris*. . . . . . lieues. 134

Ire. ROUTE DE PARIS A MILAN. 3

§ 39. *De Thonon à Evian*. . . . . lieues, 3

A peu de distance de Thonon, on longe à gauche le château de Ripaille, dont parle Voltaire dans sa lettre sur le lac de Genève :

« Au bord de cette mer où s'égarent mes yeux,
Ripaille, je te vois. O bizarre Amédée !
Est-il vrai que dans ces beaux lieux,
Des soins et des grandeurs écartant toute idée,
Tu vécus en vrai sage, en vrai voluptueux,
Et que, lassé bientôt de ton doux ermitage,
Tu voulus être pape, et cessas d'être sage ? »

Ripaille est un couvent d'Augustins, fondé par Amédée VIII, duc de Savoie, qui s'y retira pour se livrer aux plaisirs, selon les uns, à la pénitence, selon les autres, après avoir abdiqué la couronne. Quoiqu'il en soit de la vie érémitique ou épicurienne qu'il y menait, elle donna au château de Ripaille une célébrité gastronomique, qui a donné lieu elle-même au proverbe si connu de *faire ripaille*. Effectivement la chère y était exquise, s'il faut en croire les chroniques du temps. Un pareil monastère, dans le 15e. siècle, devait exciter nécessairement la censure publique, et peut-être aussi la jalousie particulière des autres maisons religieuses, où l'on ne gagnait pas le ciel aussi commodément. Cela n'empêcha pas que la papauté ne vint chercher le chef de ces heureux cénobites dans sa retraite. Il fut choisi, sous le nom de Félix V, par le concile de Bâle qui déposa Eugène IV. Il accepta d'abord la thiare; mais, la voyant si litigieuse, il l'abdiqua, comme il avait abdiqué la couronne, et l'abandonna, pour un simple chapeau de cardinal, à Nicolas V, successeur d'Eugène IV. Cette double abdication pourrait être regardée comme un titre de plus au surnom glorieux de *Salomon de son siècle*, que fit décerner à ce prince pacifique la sagesse de son règne.

Au de-là de Ripaille, on traverse sur un pont très-long, très-haut et très-étroit, vers le milieu de la distance des deux relais, le large lit de la Drance, rivière caillouteuse et rapide, la plus considérable, après le Rhône, de toutes celles que reçoit le lac.

La plaine se resserre et n'en devient que plus belle; de vigoureux noyers, de plus vigoureux châtaigniers, une immense quantité de cerisiers et d'autres arbres à fruits bordent la route, et lui donnent l'air d'une allée couverte. A droite, les collines viennent en pente douce la dominer et l'embellir; à gauche, les arbres qui la séparent du lac laissent par intervalles des échappées de vue délicieuses sur cette large nappe d'eau, et sur les paysages de la rive opposée.

Un quart de lieue avant la ville d'Evian, un assez joli petit édifice se fait remarquer au bord du lac : il renferme la fontaine minérale d'Amphion, dont les eaux purgatives sont froides, légèrement ferrugineuses, et passent pour avoir peu de vertu ; elles ont eu cependant une très-grande vogue, qu'elles devaient moins à leur qualité qu'à la beauté du lieu. Il s'y réunissait tous les ans une certaine quantité de seigneurs, au nombre desquels figurait assez ordinairement la cour de Turin.

La petite ville d'Evian compte à-peu-près 2000 habitans. Plus immédiatement placée au bord du lac, et par cette raison même plus agréable que Thonon, elle est aussi plus rapprochée des collines, ce qui rend sa situation bien plus gracieuse. On y fait le commerce de frontière, pour les productions de son territoire, consistant principalement en eau de cerises, accessoirement en huile de noix, en châtaignes et autres fruits, dont on approvisionne le pays de Vaud, où la culture des arbres est sacrifiée à celle de la vigne. — *Parcouru depuis Paris*... 137 lieues.

	lieues.
§ 40. *D'Evian à Saint-Gengoux*.	5

On traverse divers hameaux, dont le plus considérable est celui de la *Tour ronde*, composé, comme les autres, de cabanes de pêcheurs; on côtoie ensuite le pied des collines qui précèdent la montagne de Meilleraie, et enfin le pied de la montagne même. Tracée au bord des pentes, tantôt douces tantôt escarpées, qui bordent le lac, la route lui sert presque toujours de rivage. A Meilleraie elle offre un travail admirable. Ces énormes rochers, au front menaçant, aux flancs verticaux, contre lesquels venaient tourbillonner en gouffre, ou se briser en écume, les eaux du Léman, ces rochers qui interceptaient l'ancien chemin de traverse, au point de ne laisser au voyageur qu'un léger et scabreux chemin de pied qui le transportait jusque sur les sommités, se sont comme reculés en masse, à la voix du génie français. Taillés à pic dans toute leur hauteur par la nature, ils l'ont été une seconde fois par la main de l'homme.

Quel lecteur n'a parcouru d'avance les rochers de Meilleraie avec Saint-Preux et Julie! Quelle imagination ne s'émeut à cette vue! Mais quelle plume que celle qui a su embellir les fictions, au point de les faire confondre volontairement avec les réalités. L'illusion est telle qu'on croit retrouver partout les traces de ces deux amans. Plus d'un voyageur a voulu gravir ces rochers, pour y voir l'heureux chalet; tous se font montrer la ville de Vevai qui, sur la rive opposée du lac, paraît s'enfoncer dans la colline; plus loin le modeste château de Clarence qui rappelle de si touchans souvenirs; plus loin encore, celui de Chilon qui en rappelle de si tristes. Sa gothique et gigantesque masse s'élève, non sur les bords, mais dans les eaux même du lac. Tout ce qu'on voit rappelle Julie et Saint-Preux : on est au plus fort de la scène. L'auteur ne pouvait mieux la choisir ; il est impossible d'imaginer une contrée plus romantique.

Le hameau de Meilleraie, quoique situé au pied de ce rocher et sur le bord du lac, n'a rien de romantique lui-même; la perspective qu'il offre au voyageur est plus triste que pittoresque : il est, comme tous ceux de cette route, composé de quelques misérables cabanes de pêcheurs, que le commerce de frontière a démoralisés sans les enrichir.

On sait que la profondeur moyenne des eaux du lac est de 300 pieds; elle est plus que triple sur cette côte. Le thermomètre de M. de Saussure s'y est arrêté à 950 pieds, et il a trouvé l'eau du fond beaucoup plus froide que celle de la surface.

Le voyageur voit le bassin se rétrécir à mesure qu'il avance, et la rive septentrionale offrir, à mesure qu'elle se rapproche, des aspects de plus en plus intéressans, parce qu'ils laissent mieux distinguer les objets, les lieux et les sites. La route est presque continuellement ombragée par des touffes de châtaigniers.

Saint-Gengoux est un village de 130 à 140 feux. Situé entre le lac et les bois qui tapissent toutes les pentes de la montagne, il est coupé en deux, par le torrent de la Morge qui sépare la Savoie du Valais. Des bois touffus sur des flancs escarpés, que déchirent les eaux d'un torrent sauvage, sont, avec la plaine liquide d'un des plus beaux lacs de la Suisse, l'horizon immédiat qui environne les habitans de ce village. Pour apercevoir le reste du monde, ils sont obligés de porter leurs regards au-delà du lac, sur la rive fortunée du pays de Vaud, dont les lointains et riants aspects contrastent d'une manière si frappante avec le sombre et mélancolique séjour auquel la nature les a condamnés. Ils s'en montrent peu jaloux; ils mangent leurs châtaignes, pendant une partie de l'année, et

cherchent dans les produits, soit de la pêche, soit de la contrebande, de quoi manger du pain durant l'année entière, mais surtout de quoi boire du vin ; car ils sont d'une excessive ivrognerie, qui m'a même paru insolente et brutale. Si les amateurs des sites ombragés et solitaires pouvaient trouver quelque agrément à celui de Saint-Gengoux, le charme serait bientôt détruit par les mœurs de pareils habitans. lieues.
— *Parcouru depuis Paris*. 142

§ 41. *De Saint-Gengoux à Vionas*. 4½
§ 42. *De Vionas à Saint-Maurice*. 4½

Superbe route, toujours dans les bois, toujours au pied de la montagne, et toujours au bord du lac, jusqu'à l'auberge du Bouveret, placée au point où il commence, en recevant le Rhône. Il est à regretter pour les voyageurs, amis des positions extraordinaires, pittoresques et gracieuses, que cette auberge ne soit pas un lieu de relais.

Avant de quitter les bords de ce lac, le plus beau que renferment les Alpes, le plus beau peut-être de l'univers, il convient de lui donner un coup-d'œil général.

Sa forme est celle d'un croissant dont l'ouverture regarde le midi : il a 18 lieues de longueur, en le mesurant du côté de la Suisse ; 14 seulement du côté opposé, et 3 et demie dans sa plus grande largeur, entre Rolle et Thonon. Cette étendue n'en fait pas le plus grand lac de l'Europe sans doute ; il cède ce premier rang aux lacs de la Russie, Onéga et Ladoga, même à celui de Constance, parmi les lacs de la Suisse ; mais il ne le cède à aucun en beauté.

Ses bords sont vraiment enchanteurs : il faut les parcourir des deux côtés pour jouir de tous leurs charmes en détail ; mais pour jouir de leur ensemble, il faut parcourir le lac lui-même, dans sa longueur, en faisant le voyage de Villeneuve à Genève, par eau. On navigue entre deux rives également belles, quoique inégalement ornées. D'un côté, ce sont les collines du pays de Vaud, parsemées de villes et de bourgs, de villages et de maisons de plaisance, de vignobles et de bosquets : elles servent de base au Mont Jura, qui élève par derrière son front rembruni et couronne l'horizon. De l'autre, ce sont, d'abord les riches et fraîches campagnes du Chablais, et les collines couvertes de vignobles qui les rattachent aux pittoresques rochers de Meilleraie, ensuite les divers gradins des

Alpes, dont ces rochers sont le premier, et le Mont-Blanc le dernier. La rive du pays de Vaud offre plus de richesse et plus de vie, l'autre plus de fraîcheur et plus de nature. D'un côté c'est le vert des pampres, des jardins et des bocages ; de l'autre, celui des pampres, des vergers et des forêts.

Si la rive méridionale que nous venons de parcourir ne nous a offert que deux petites villes, la rive septentrionale que nous avons eu constamment en perspective, nous en eût laissé compter, si l'éloignement nous eut permis de les distinguer toutes, jusqu'à onze, qui sont : Versoix, Coppet, Nyons, Rolle, Morges, Lausanne, Lutry, Cully, Vevai, Latour et Villeneuve ; sans compter une foule de villages, de maisons de campagne et de châteaux, au nombre desquels se distingue celui de Chilon, dont nous avons déjà parlé. C'est du milieu du lac, en face d'Eaubonne, qu'on découvre le mieux tout ce trésor de perspective.

Cent mille habitans sont répandus sur les bords de cette petite mer Méditerrannée, si ingénieusement peinte par le chevalier de Bouflers, dans la lettre où il dit à sa mère : « L'Océan a envoyé son portrait en miniature à la Suisse. »

Parmi les villes qu'on vient de citer, celle de Coppet se fait remarquer par le grand et superbe château qui la domine : c'est celui du célèbre Necker, habité depuis par sa non moins célèbre fille, madame de Staël, aujourd'hui par ses héritiers.

On peut apercevoir dans la même partie, plus loin du lac et plus près de Genève, le château de Ferney qu'habita Voltaire ; nous l'avons décrit ailleurs (*v. route de Paris à Genève*, pag. 116.)

En avançant, on découvre le majestueux Mont-Blanc qu'osa gravir l'intrépide Saussure; et en avançant encore, tous les lieux et tous les sites qu'a rendus intéressans la plume du chantre de Julie. Ainsi tout est plein de grands souvenirs et de grands noms, de faits célèbres et de fictions attachantes dans cette délicieuse navigation.

Un avantage particulier de ce beau lac est d'avoir partout des rivages à fond de gravier, sans aucun mélange de limon ni de marécage, quoiqu'il serve en quelque manière de lavoir aux eaux bourbeuses du Rhône. Une autre circonstance non moins remarquable, qui lui est commune avec tous les autres lacs des Alpes, est qu'il grossit en été par l'effet de la fonte des neiges, et baisse en hiver par la cause contraire. Chaque période est de six mois : la différence de la hausse à la baisse est de 5 à 6 pieds. C'est à ce rivage caillouteux, et surtout à cette propriété de hausser dans la saison des chaleurs, autant et plus encore qu'à la pureté de ses eaux, que les habitans riverains doivent la pureté de l'air qu'ils respirent; comme c'est la diminution des lacs ordinaires qui en rend les bords si mal sains dans cette saison, en laissant à sec une partie de leur lit vaseux.

Les personnes qui ont dit et publié que, dans le milieu du lac, on distinguait le cours du Rhône, ont dit et publié une erreur : le lac de Genève n'a pas plus de courant dans le milieu que sur les rives. Il est très-poissonneux : on connaît la réputation de ses truites. La république en envoyait tous les ans une de 40 à 50 livres à la cour de France. Je ne sais si cette politesse a continué depuis la restauration.

Nous avons admiré la limpidité du Rhône au débouché du lac, dans les murs de Genève. On ne s'en étonne point en voyant celle du lac lui-même; mais ce dont on a lieu de s'étonner, est que cette limpidité ne soit pas altérée par l'état habituellement bourbeux des eaux de ce fleuve à leur entrée. Si elles ne peuvent en sortir plus pures, elles ne peuvent y entrer plus sales. Le lac retient leur limon, dont la plus grande partie, se déposant à l'embouchure, la recule insensiblement par des empiétations lentes et successives : le reste forme, dans le milieu du lac, des sédimens qui tendent à remplir, de proche en proche, le bassin, en l'exhaussant continuellement ; on pourrait même déterminer le temps qu'il leur faudrait pour le combler, en calculant le nombre de pieds cubes que le Rhône verse dans le lac, en un temps donné, la quantité de sédiment que contient chaque pied, et la capacité du lac ; mais laissons à M. de Saussure ces savantes recherches, et bornons-nous à observer avec lui que, parmi les cailloux qui forment en grande partie ce fond, plusieurs sont d'un volume énorme, surtout près de Genève ; qu'ils ont été transportés par les eaux, et qu'ils viennent même de montagnes très-éloignées. « Ainsi, dit-il, le rocher qui est à l'entrée du port de Genève, et qui porte le nom de *Pierre à Niton*, par corruption du nom de Neptune à qui elle était consacrée anciennement, est un granit qui ne peut venir que des hautes Alpes, éloignées de 10 lieues au moins, en ligne droite. » Ces roches roulées offrent un accident bien extraordinaire et un ample sujet de méditations sur les causes qui les ont entraînées, mais qui nous entraîneraient nous-mêmes hors de notre sujet.

Les tempêtes sont terribles sur le lac de Genève, et d'autant plus dangereuses que les bateliers les plus au fait de cette navigation n'osent point les braver, et ignorent par conséquent la manœuvre nécessaire en pareil cas. On a vu le lac gelé en hiver jusqu'à une lieue de ses bords, mais jamais en totalité.

Après l'auberge du Bouveret, où nous avons quitté notre route pour jeter un dernier coup-d'œil sur le lac, nous allons quitter le lac lui-même et le perdre de vue, pour continuer notre route dans la vallée et sur la rive gauche du Rhône. Le relais de Vionas est dans un hameau sans importance, et la route dans un paysage presque continuellement ombragé de noyers et d'arbres fruitiers; mais ces arbres, négligés comme le chemin, offrent une vue plus triste que gaie. Tout commence à dénoncer l'inertie des Valaisans : ils abandonnent à la nature leurs arbres, leurs champs et leurs prés, que le voyageur distingue à peine des terrains vagues, tant ils sont emcombrés de broussailles et de mauvaises herbes.

On trouve, une lieue avant le hameau de Vionas, celui de Vouvry, qui n'a pas plus d'importance, et avant la petite ville de Saint-Maurice, celle de Monthey, qui partout ailleurs ne serait qu'un bourg; mais ce bourg, parsemé d'une foule de jolies maisons blanches, qui ont la plupart leur petit enclos de jardins et de vergers, serait partout un séjour agréable. Les goîtres commencent à se faire remarquer ici, surtout parmi les femmes : celles qui n'en ont point sont en général d'un physique agréable, que relève encore le petit chapeau valaisan, si bien décrit par J.-J. Rousseau dans la Lettre XXII de son Héloïse.

La ville de Monthey est peuplée de 200 feux : celle de Saint-Maurice, qui en a 250, est le lieu le plus considérable du bas Valais. Elle a une assez belle rue et un pont hardi sur le Rhône. Ce pont, que mal à propos on a attribué aux Romains, sépare le Valais du pays de Vaud. On a comme surpris ce fleuve au moment où il passe entre deux roches aussi hautes qu'escarpées, pour jeter une arche d'un bord à l'autre. La porte qui ferme la ville au bout de ce pont, ferme aussi, du côté du pays de Vaud, le Valais, qui, fermé de même par une autre porte, du côté du Chablais, n'a plus d'autre issue que des cols impraticables les uns pendant une partie, les autres pendant la totalité de l'hiver; de manière qu'on peut dire qu'à l'exception de cette double porte, le Valais n'est abordable que par escalade.

Ce rétrécissement subit de la vallée, à Saint-Maurice, paraît bien singulier, après le large bassin qu'on vient de parcourir. Il fait soupçonner une ancienne barrière, rompue par les eaux du Rhône, qui, d'après cette hypothèse, aurait formé un premier lac dans la plaine du Valais. En faisant remonter cette révolution au temps des grandes débâcles de M. de Saussure, on est dispensé de toutes preuves.

Ces deux rochers, remarquables par leur effet pittoresque et leur espèce de correspondance, forment les bases de deux énormes pics qu'on observe de très-loin, et qui ne se voient pas de Saint-Maurice même. Celui de la rive droite se nomme *Dent de Morcla*, et celui de la rive gauche *Dent du Midi*. On les a tous les deux en perspective en venant de Lausanne. Ils ont plus de 7000 pieds d'élévation, s'il faut en croire le docteur Ebel.

On prétend que la petite ville de Saint-Maurice est l'ancienne *Agaunum*, et qu'elle doit son nom actuel à son abbaye, érigée au commencement du 6e. siècle par Sigismond, roi de Bourgogne, en l'honneur de saint Maurice, qui fut massacré en ce lieu avec la légion thébaine, dont il était le chef, sous le règne de l'empereur Maximin. La légende qui atteste ce fait a été vivement attaquée et défendue, ce qui en doit faire révoquer en doute l'authenticité. Quelques colonnes très-frustes sont les seules traces de l'antiquité de cette ville.

Au milieu des escarpemens verticaux qui la dominent, on remarque avec surprise une petite maison : c'est la cellule d'une ermite qui cultive un petit jardin placé sur une saillie de rocher, à quelques toises au-dessus.

Le pont de Saint-Maurice, qui forme la frontière du Valais et du pays de Vaud, forme aussi la réunion des deux routes de la rive droite et de la rive gauche du lac. Le voyageur qui n'a pas occasion de parcourir cette dernière, fera bien de la suivre, au moins jusqu'à Bex, lieu situé près de la rive droite du Rhône, et à trois quarts de lieue de Saint-Maurice, pour aller visiter les salines situées à une lieue plus loin. (v. *route de Paris à Lausanne*, art. Communication.) — Parcouru depuis Paris. . . . . 151 lieues.

---

§ 43. *De Saint-Maurice à Martigny*. 4½

La vallée du Rhône, en devenant étroite, devient sauvage et stérile. On remarque à droite, d'abord au milieu des rochers perpendiculaires qui entourent Saint-Maurice, l'ermitage curieux dont nous avons parlé au paragraphe précédent; ensuite, vers la moitié de la distance, la cascade bien plus curieuse de *Pisse-Vache*. J'en ai vu d'autres de ce nom dans les Alpes: j'en ai vu peu qui le méritassent autant par le singulier effet de leur chute. Une lieue plus loin, on franchit le Trient, qui se fait jour à travers un roc creusé perpendiculairement à une profondeur de 1200 pieds, d'après le docteur Ebel, qui me paraît avoir un peu exagéré cette profondeur, déjà bien étonnante, en la réduisant de moitié. Ce débouché du Trient dans la vallée du Rhône, n'est pas moins extraordinaire que la cascade de Pisse-Vache.

Martigny, où la vallée s'élargit considérablement, est divisé en ville et bourg: une allée de noyers conduit de l'un à l'autre. Rien ne ressemble plus à un village que ce qu'on appelle la ville : qu'on juge du bourg ; mais tel est le Valais : pour y voir des villes, il ne faut pas être difficile sur les titres. Le vieux château de Martigny, élevé sur une éminence, offre des restes imposans et un aspect romanesque. Il conserve une tour remarquable, au haut de laquelle se balance un arbre assez gros qui brave les hivers et les aquilons.

C'est dans le bassin aussi étendu qu'agréable de Martigny, que la Drance valaisane, ainsi nommée pour la distinguer de la rivière de même nom que nous avons déjà traversée dans la Savoie, vient porter au Rhône le tribut de toutes les eaux du grand Saint-Bernard, gonflées de tous les torrens qu'elle reçoit dans la vallée Pennine.

Ce qu'il y avait de plus intéressant à voir à Martigny, lors de mes divers passages en 1805, 1806 et 1808, était le prieur Murith, savant non moins modeste qu'estimable, qui a fait de son presbytère un petit musée, en y réunissant divers objets d'histoire naturelle, tirés des montagnes voisines, et quelques antiquités trouvées au Mont Saint-Bernard.

Le nom de *Martinach*, employé dans divers auteurs, au lieu de celui de Martigny, est le nom allemand de cette ville, nom qui doit paraître étonnant dans le bas Valais, où l'on ne parle d'autre langue que le Français.

On prétend que Martigny est l'*Octodurus* mentionné dans les Commentaires de César, qui envoya Servius Galba, un de ses lieutenans, pour contenir les peuples du Valais, connus alors sous le nom de *Nantuates*, *Véragriens* et *Sédunois*. « Galba, après avoir livré quelques heureux combats, et s'être emparé de plusieurs châteaux, tout le pays lui ayant envoyé des députés et des ôtages, laissa deux cohortes dans le territoire des Nantuates. Pour lui, avec le reste de sa légion, il alla passer l'hiver dans un bourg des Véragriens nommé *Octodurus*, situé dans une vallée qui forme une petite plaine, dominée de tous côtés par de très-hautes montagnes. » (*Commentaires de Jules-César*, 3e. Liv.).

Cette position peut appartenir à plusieurs autres lieux du Valais. César ajoute qu'Octodurus est divisé en deux parties par le Rhône, ce qui ne s'applique nullement à Martigny, situé sur la rive gauche et à une petite distance de ce fleuve. Pourquoi donc a-t-on voulu que Martigny fût l'Octodurus de César? c'est aux premiers auteurs qui ont prétendu établir cette identité, que s'adresse ce *pourquoi*. Les autres n'ont fait que suivre l'ornière tracée, dont nous avons cru devoir nous écarter, pour rentrer dans celle que nous a tracée Jules-César lui-même. Ce bourg fut, dans la suite, le premier siége des évêques du Valais, qui ne se transportèrent à Sion que vers le 6e. siècle.

L'élévation de Martigny est de 56 toises au-dessus du lac de Genève, qui l'est lui-même de 192 au-dessus du niveau de la mer, comme nous l'avons déjà dit.

Mont-Blanc et vallée de Chamouny. C'est de ce lieu que nous sommes partis pour visiter le Mont-Blanc et la vallée de Chamouny. La distance est moitié moindre que de Genève, 9 lieues au lieu de 18 ; mais on ne peut s'y rendre qu'à cheval, ou, ce qui vaut encore mieux, à dos de mulet.

Voyage à Chamouny. Après avoir traversé la Drance, nous gravîmes le flanc de la montagne qui domine Martigny, du côté de l'ouest. La pente présente des sites variés, agréables, et quelquefois romantiques ; elle présente aussi, en portant ses regards en arrière, une belle perspective de la vallée du Rhône, qui développe en face son large et long bassin à perte de vue, depuis Martigny jusques bien au-delà de Sion. Au bout de deux heures d'une ascension alternativement commode et pénible, on arrive au sommet de la montagne de Forclas, d'où l'on découvre subitement la triste vallée et le triste hameau de Trient. C'est-là qu'on va faire son halte : on y descend, ou plutôt on s'y précipite par une côte extrêmement rapide.

Cette vallée a une lieue de long et quelques toises de large. Le hameau est dans le fond, au pied des montagnes qui la resserrent, au bord du torrent qui la ravage, et à une lieue Sud du glacier qui donne naissance à ce torrent. Toutes les maisons de Trient sont bâties en planches de sapin. Dans une de ces cabanes, nous ne fûmes pas peu agréablement surpris de trouver une manière d'auberge, des provisions, d'assez bon vin, des lits au besoin, et une agréable hôtesse. Trient fait encore partie du Valais. La limite de la Savoie est sur la montagne du col de Balme qu'on va gravir, à moins qu'on ne prenne, en tournant cette montagne à droite, la direction de Valorsine, où des défilés horribles, des passages dangereux, et des abîmes dont la seule vue glace d'effroi, ne sauraient dédommager les curieux de la majestueuse perspective que va leur offrir le col.

Nous exécutâmes cette seconde ascension pendant près de trois heures, par un sentier des plus escarpés, qui serpente d'abord à travers une sombre forêt de sapins, puis à travers de vastes pâturages. Au milieu de cette forêt, aussi sombre que sauvage, où l'on ne s'attend à trouver d'autres êtres vivans que des ours, nous rencontrâmes une société d'amateurs suisses, qui venaient des lieux où nous nous rendions nous-mêmes. On ne peut se faire une idée de l'effet que produisent de pareilles rencontres dans de pareils lieux, qu'autant qu'on l'a éprouvé : on croit voir un autre soi-même, en voyant son semblable; on s'accueille réciproquement, on se traite en ami.

Les guides vous indiquent, dans cette montée, un écho renommé. Je lui fis répéter un vers de Virgile tout entier. Près du sommet, on nous montra l'endroit où un jeune observateur, M. Escher de Zurich, eut le malheur de se précipiter, en 1791, dans le fond d'un abîme, d'où l'on ne put retirer son corps que quelques jours après.

Du haut du col de Balme, on découvre tout-à-coup, et le Mont-Blanc, et toutes les sommités qui l'environnent, et la vallée de Chamouny qu'il domine, et les énormes glaciers qu'il vomit dans cette vallée. Elle se présente dans toute sa longueur aux regards des curieux placés sur le haut du col. Ils la voient, pour ainsi dire, dérouler en face ses trois bassins, qui règnent en amphitéâtre l'un sur l'autre, et semblent, vus de là, n'en faire qu'un seul. Chacun de ses bassins a son village et son glacier : c'est d'abord le bassin, le village et le glacier du Tour ; puis le bassin, le village et le glacier de l'Argentière ; enfin le bassin, le village et le glacier des Bois. Dans le même bassin, est le village de Chamouny, situé entre ce dernier glacier et celui des Bossons.

Ce spectacle, nouveau pour mes yeux, est le plus extraordinaire dont j'aie joui de ma vie. Je contemplais dans la plus belle perspective, et à la proximité la plus avantageuse pour en bien jouir, la plus haute montagne des Alpes et de l'ancien Monde ; à ses pieds, une vallée, sinon des plus riches, du moins des plus hautes, des plus curieuses, des plus verdoyantes et des plus pittoresques ; parsemée, non comme celle du Valais, de vignobles, de champs et de vergers, mais de prairies, de champs et de pâturages, de glaciers et de forêts, de sapins et de mélèses. Partout ailleurs ces bois antiques, ainsi que les glaciers, ne règnent que sur les plus hautes montagnes. Ici, les uns et les autres s'emparent de la vallée même, et lui impriment un caractère extraordinaire, qui la distingue de toutes les vallées connues ; mais ce qui la différencie surtout, c'est le rapprochement des glaciers et des moissons. Il y a tel lieu où l'on peut, d'une main, cueillir un épi, de l'autre, saisir un glaçon ; mais nous anticipons sur nos jouissances. Nous sommes encore sur le col de Balme : ne le quittons pas sans en faire connaître, et la hauteur, évaluée par M. de Saussure à 1181 toises, et la nature qui a offert au même savant un schiste essentiellement argileux, légèrement quartzeux. De riches pâturages, des chalets et de nombreux troupeaux de vaches, signalent ici les hautes régions des Alpes.

Outre le magnifique spectacle qu'offrent, sur ce col, la vallée de Chamouny et toutes les cimes du Mont-Blanc, dont la principale, connue sous le nom de Bosse du Dromadaire, présente réellement cette ressemblance, tandis que les autres se montrent sous la forme de pyramides ou d'aiguilles; on voit aussi, en se retournant, les principales sommités des Alpes, depuis le Saint-Gothard jusqu'à la dent de Morcla. L'Arve prend sa source au col de Balme.

Arrivé au pied de la montagne, on est sur le premier gradin de l'amphithéâtre que forme la vallée de Chamouny. Je ne pus résister à la curiosité d'aller examiner le glacier du Tour, que je voyais à peu de distance à ma gauche : c'était le premier que j'avais l'occasion de considérer de près; et c'est là que je reconnus, par moi-même, que ce qu'on appelle *glaciers* n'est autre chose que des amas de neiges condensées; c'est aussi là que je remarquai, pour la première fois, cette proximité, cette presque contiguité des glaciers et des moissons : ce n'est pas assez de toutes les chaleurs de l'été, qui font mûrir les unes pour faire fondre les autres.

Mais comment peindre le spectacle magique qu'offrent les formes diversifiées à l'infini de ces glaciers : ce sont des aiguilles, des pyramides, des colonnes, des pilastres, des corniches, des chapiteaux de tous les ordres d'architecture, des voûtes à moitié rompues, des pans de murailles, les uns entiers, les autres en partie détruits : on croirait voir les ruines du palais d'Armide. Ici, c'est une tour qui s'écroule; ailleurs un dôme qui s'ébranle et tombe fracassé : le bruit de leur chute fait succéder une terreur soudaine à l'admiration que cause la vue de cette étrange et sublime scène. Quelquefois on entend au loin de grands éclats semblables à des coups de tonnerre, et suivis de longs roulemens, qui annoncent à ceux qui en connoissent la cause, combien est grande la masse dont la chute lointaine produit un si long retentissement. Le désordre confus qui règne dans la structure des montagnes primitives, semble se répéter dans celle des glaciers qu'elles produisent, et qui, comme elles, offrent, parmi des amas de ruines, une véritable image du cahos.

Après avoir traversé les villages du Tour, de l'Argentière et des Bois, on arrive enfin à celui de Chamouny, chef-lieu du canton et de la vallée dont il porte le nom. Dans le pays et dans divers ouvrages, il porte celui de Prieuré de Chamouny : quelques-uns le qualifient de bourg ; il est peuplé de 1000 à 1200 habitans. L'affluence des étrangers, ainsi que son heureuse position au centre de la vallée, et presque au pied du Mont-Blanc, sans avoir rien à redouter d'un si terrible voisin, rend ce lieu de jour en jour plus considérable. On y trouve toutes les ressources des villes, et notamment 2 ou 3 bonnes auberges, extrêmement fréquentées pendant 3 ou 4 mois, et entièrement abandonnées pendant le reste de l'année.

Les guides se précipitent en foule au devant des nouveaux débarqués : on n'est embarrassé que du choix. Plusieurs d'entr'eux se sont illustrés par une heureuse audace, et portent, commen d'anciens capitaines romains, des surnoms qui attestent leur gloire, tels que *Balmat-Mont-Blanc*, *Cachat-le-Géant*, et autres noms honorablement inscrits dans les fastes de ces montagnes. On les paie ordinairement 5 francs par jour. Quelques-uns ont une teinture d'histoire naturelle. Michel Paccard possède une collection de cristaux, d'amiante, de plantes alpines, etc. Un autre particulier du village fait et vend des plans en relief du Mont-Blanc et de la vallée de Chamouny. J'ai regretté, depuis mon retour à Paris, d'avoir refusé d'en acheter.

Cette vallée, longue de 5 à 6 lieues, sur une demi-lieue de largeur, est cultivée avec soin, tant en blé qu'en orge, avoine et pommes de terre; mais elle est consacrée principalement aux prairies. Le chanvre réussit parfaitement, les légumes assez bien, et les arbres fruitiers fort mal. Le prunier et le cerisier sont les seuls qu'on y cultive. Les fruits n'y parviennent pas toujours à leur maturité. On y élève les abeilles avec succès. Le miel de Chamouny est renommé.

« Quelque incroyable que la chose puisse paraître, dit le Docteur Ebel, cette vallée si intéressante, dans laquelle on voit la montagne la plus élevée de l'ancien Monde, est demeurée entièrement inconnue jusqu'en 1747. Ce fut alors que le célèbre Pococh, et un autre anglais, M. Windham, la visitèrent et donnèrent à l'Europe et au monde entier, les premières notions d'une contrée qui n'est qu'à 18 lieues de Genève. Comme tout le monde croyait que cette vallée était un repaire de brigands, et de peuples barbares, on blâmait généralement leur résolution; on leur conseilla si sérieusement de bien se tenir sur leurs gardes, qu'ils partirent de Genève, armés jusques aux dents, avec un nombre de domestiques également armés; ils n'osèrent entrer dans aucune maison; ils campèrent sous des tentes, et tinrent des sentinelles en garde pendant toute la nuit. Les montagnes des environs étaient alors connues sous le nom de *Montagnes maudites.* »

« M. Beaulaire, bibliothécaire de Genève, fut le premier qui fit connaître la vallée de Chamouny, par une relation de ce voyage, qu'il publia dans le Mercure de Suisse. Cependant, même encore après cette époque, il n'y eut qu'un très-petit nombre de personnes qui eussent entrepris ce voyage; puisqu'en 1760, il n'y avait pas d'auberges passables au Prieuré.

Iʳᵉ. ROUTE DE PARIS A MILAN.

La description pittoresque des glaciers de cette vallée que M. Bourrit mit au jour en 1773, et quelques années après, l'excellent ouvrage de M. de Saussure sur les Alpes, excitèrent l'attention du public, à tel point, que, pendant les années 1790 et 1792, on y a vu venir annuellement de 800 à 1200 étrangers. » (*Manuel du Voyageur en Suisse, par le docteur Ebel*, art. Chamouny.) »

L'élévation de Chamouny au-dessus du lac de Genève, est de 340 toises, et de 530 au-dessus du niveau de la mer. De ce village, on voit devant soi le Mont-Blanc, depuis la base, dont on est tout près, jusqu'au sommet qui s'élève à près de 2000 toises perpendiculaires. Si le Chimboraço, dans les Cordilières, offre une plus grande hauteur absolue, sa hauteur relative est bien moins considérable, puisqu'il ne domine la plaine de Quito que d'environ 1600 toises. Ainsi l'élévation du Mont-Blanc est infiniment plus frappante; cependant on la jugerait inférieure à ce qu'elle est réellement, en la mesurant des yeux. On ne croirait pas non plus l'ascension aussi pénible que l'expérience l'a fait connaître, en voyant la surface unie de ses neiges éternelles, et son flanc uniformément incliné, du moins en apparence; si bien qu'il semble pouvoir être gravi directement. On dirait même qu'une pierre ou un corps rond quelconque, jeté du sommet, roulerait, tout droit et sans obstacle, dans la vallée; mais cette apparence est trompeuse. Il y a des plaines de glace considérables et très-difficiles à traverser, qu'on ne peut ni voir ni soupçonner, quand on est au pied.

L'Arve qui parcourt la vallée de Chamouny dans toute sa longueur, sous un ombrage presque continuel, la fertilise dans son état naturel, mais la ravage dans ses crues violentes. Elle n'a pas sa source au Mont-Blanc, comme nous l'avons déjà remarqué; mais elle ne serait rien par elle-même, sans les puissans auxiliaires que lui fournit cette montagne, dont elle roule les débris granitiques dans ses flots, centuplés de volume comme d'impétuosité, par les nombreux torrens et glaciers de ce roi des monts, devenu son tributaire.

Ces torrens et ces glaciers ne sont pas, ainsi qu'on pourrait le croire, deux choses distinctes; tous les torrens que le groupe du Mont-Blanc vomit dans la vallée de Chamouny sont autant de glaciers. On pourrait croire encore, et même avec plus de fondement, que, conservant toute l'année les glaces de l'hiver, trop abondantes pour être fondues en entier par les chaleurs de l'été, ils deviennent ainsi la véritable origine de ces fameux glaciers. Il est vrai que les congélations qui se forment sur les bords de ces torrens, comme sur ceux des rivières, quoique plus difficilement, à cause de leur extrême rapidité, finissent de même par se joindre d'une rive à l'autre; mais ce n'est pas la principale cause qui produit ces grands effets : la source des glaciers est dans les neiges et les glaces supérieures, qui s'écroulent, s'éboulent, s'affaissent continuellement au fond des gorges. Les tourmentes les y entraînent, les avalanches les y précipitent. Là, moins exposées à la violence des vents, qui balaient sans cesse les neiges superficielles des sommités, ces amas, recevant constamment de nouveaux renforts, et par les nouvelles neiges qui tombent du ciel, et par les neiges tourbillonnantes que leur porte un air constamment agité, et par les chutes et les affaissemens, doivent former des dépôts indestructibles, qui résistent à toutes les ardeurs du soleil. Le torrent continue à se frayer un passage sous ces vastes concrétions, ouvertes en longs acquéducs, et se grossit des eaux qui en découlent au temps de la fonte : elle s'opère à la superficie ; l'eau en pénétrant et suintant sans cesse à travers les pores de la neige, pendant la chaleur du jour, y est surprise par les froids de la nuit, et y reste glacée. Ainsi tous les pores se remplissent petit à petit, et les neiges deviennent des glaces, qu'on pourrait appeler de seconde formation. Ces glaces, entraînées par la pente du sol, avancent à la longue vers les régions inférieures. On juge par là que celles du Tacul, qui sont les plus voisines du Mont-Blanc, remplaceront un jour celles du Montanvert, destinées à remplacer elles-mêmes celles des Bois, et toutes arriveront successivement à l'Arveron, accompagnées des énormes blocs de granit qui les bordent et les suivent dans leur marche séculaire.

Après cet aperçu général des glaciers, nous aurons peu à dire de chacun en particulier. Ils nous présenteront tous les mêmes phénomènes que nous venons de décrire, et le même spectacle dont nous nous sommes hâtés de jouir au glacier du Tour. De Chamouny, on commence ordinairement par visiter celui des Bossons, qui est à une lieue au-dessous. C'est à la fois, et celui qui descend le plus directement du Mont-Blanc, et celui qui s'avance le plus profondément dans la vallée, où il se maintient au milieu des prairies, des moissons, des chenevières et des jardins. On s'y rend par un joli sentier, à travers un bois de sapins, et une prairie. Le contraste frappant que forme le vert rembruni de ce bocage, avec la blancheur éclatante des énormes blocs et des nombreuses pyramides de glace qui s'élèvent magnifiquement au-dessus, forme une des plus belles scènes qu'offre le spectacle des Alpes. Mais, pour en bien jouir, il faut la contempler le matin, lorsque le soleil l'éclaire de ses premiers rayons, rompus et décomposés par mille prismes étincelans. A une petite hauteur, la surface du glacier est parfaitement horizontale : là nous escaladâmes le rempart de terre et de blocs de granit qui nous en séparait, pour nous élancer dans cette vallée de glace, et nous redescendîmes du côté de l'Est où sont entassés des blocs de granit d'une proportion gigantesque, qui, joints à d'innombrables débris, forment, au bord du glacier, une sorte de colline ou de digue, descendue, comme celle de la rive opposée, avec le glacier même, du haut du Mont-Blanc. Ces collines, que les glaciers entraînent et accumulent sur leurs bords, sont désignées dans le pays sous le nom de Moraines.

Le glacier des Bois est à une lieue au-dessus du Prieuré. On y va en remontant l'Arveron, par un chemin uni et très-agréable, qui passe dans une belle forêt de mélèses, où la vue se trouve par conséquent bornée de tous côtés. « On n'en est que plus fortement frappé, dit Ebel, quand tout-à-coup on découvre le glacier, dont les pyramides innombrables semblent descendre du haut de la région des nues. Il est situé au pied de l'aiguille conique du Dru, repose sur une base granitique et s'étend dans la vallée entre les forêts du Montanvert et celle du Bochard. — Arrivé au bord de la forêt, on gravit une colline haute de 100 pieds, et formée de blocs de granit et de sable : tout d'un coup on aperçoit l'extrémité inférieure du glacier, et la magnifique voûte de glace d'où sortent avec impétuosité les eaux écumantes de l'Arveron, au milieu d'une multitude de glaçons et de pierres. Cette voûte s'agrandit tous les étés, à cause des morceaux qui s'en détachent sans cesse. En hiver, elle n'existe pas du tout. »

« C'est au printemps que la crue des eaux de l'Arveron et son cours devenu plus impétueux, forment peu-à-peu ce superbe portique. Il a quelquefois de 100 à 150 pieds de hauteur, sur une largeur proportionnée ; mais il faut se garder d'en approcher de trop près, car il tombe quelquefois des pierres du haut du glacier, et souvent il se détache des glaçons de la voûte. »

« Une famille presqu'entière a péri malheureusement dans ce lieu à la fin du 18e. siècle. On avait eu l'imprudence de tirer un coup de pistolet dans la voûte, dont la partie supérieure se détacha, et écrasa une partie de ces infortunés. D'autres, cherchant à s'enfuir, trouvèrent leur mort dans les ondes du torrent subitement grossies par cette débâcle imprévue. Ce glacier, auquel le petit hameau des Bois a donné son nom, forme un des bras et un des écoulemens de la mer de glace qui est au-dessus. » (*Ebel, Man. du Voy.* t. 2, p. 234.)

Cette mer de glace n'est elle-même qu'un glacier plus considérable que les autres: c'est celui du Montanvert, à qui son étendue et sa position horizontale ont fait donner le nom de Mer. Le nom de *vallée de glace* qu'elle porte aussi, lui convient bien mieux, car c'est véritablement une vallée, réunie d'une montagne à l'autre par une voûte de glace, d'une épaisseur incommensurable ; elle convertit en quelque manière le lit du torrent qu'on entend rouler dans le fond, en une espèce de galerie couverte ou d'immense acquéduc. Ce torrent a sa source au Mont-Blanc, d'où il arrive au glacier du Montanvert, en passant sous celui du Tacul. Il n'est pas produit, mais seulement alimenté par la fonte superficielle des glaces qui le couvrent, et dont l'écoulement s'opère à travers de nombreuses crevasses.

Le Montanvert est la hauteur qu'on gravit pour arriver du Pieuré de Chamouny à la mer de glace. Le chemin qui y mène, coupe d'abord la vallée en sens oblique, puis monte à travers un bois de sapins et de mélèses, où l'on rencontre et franchit divers ravins qui servent de couloirs à autant d'avalanches.

A mi-chemin, les voyageurs ont coutume de s'arrêter à la fontaine fraîche et limpide du Cayet, et de se reposer sous les arbres qui l'ombragent. On y jouit d'une vue très-curieuse sur la vallée qu'on quitte, et sur les montagnes qui la dominent. Au-delà de cette fontaine, la pente devient plus escarpée, et l'on renvoie ses mulets, pour exécuter cette dernière partie de la montée à pied.

Au sommet, où nous arrivâmes trois heures après notre départ de Chamouny, un autre reposoir nous attendait : c'est un petit bâtiment, construit en forme de temple antique par les soins de M. Félix Desportes, alors résident de France à Genève. Nous étions à 426

Iʳᵉ. ROUTE DE PARIS A MILAN.

toises au-dessus du village, à 956 au-dessus du niveau de la mer. La température était des plus douces, la matinée des plus belles : c'était au mois de juillet. Un vaste pâturage nous environnait : un chalet était près de nous. En face s'élevaient, au-dessus de nos têtes, les aiguilles du Dru, du Géant de Charmoz, qui forment les appendices et comme les satellites du Mont-Blanc. Encore un pas, et nous découvrons la vallée de glace : elle s'étend à nos pieds. Je crus voir une portion de la Mer glaciale, qu'on nous peint aussi inégale, aussi bouleversée dans son état de congélation, qu'une mer agitée par la tempête. « Je ne puis, dit William Coxe, vous donner une idée plus juste de cette immense surface de glace, hérissée de pointes irrégulières et coupée de profondes crevasses, qu'en la comparant à une mer furieuse, qu'une gelée subite aurait surprise au fort d'une violente tempête. » Rien de plus vrai que cette énergique peinture du plus beau glacier des Alpes.

A la simple vue, on ne lui donne pas plus d'un quart de lieue de large. On prétend qu'il en a le double ; on m'a cependant assuré qu'un habitant de Chamouny l'a traversée en 10 minutes, malgré les aspérités et les fentes qui en rendent le trajet difficile et même dangereux.

Un peu plus haut, il devient impraticable, par l'effet des mêmes ondulations, qui s'élèvent en arêtes escarpées, ou s'ouvrent en profondes crevasses. C'est surtout dans cette partie que les glaciers semblent, comme on l'a observé, une répétition des Alpes, dont ils imitent les crêtes et les pics, les gorges et les abîmes, le désordre et les escarpemens.

Après avoir suffisamment contemplé, avec cette vallée de glace, les énormes obélisques de granit qui la dominent de leurs cimes presque verticales, et l'alimentent de leurs neiges éternelles, qu'elles ne peuvent conserver à cause de leurs flancs trop escarpés, je suis descendu jusqu'au rivage, où j'ai fait une nouvelle station, sur un large bloc de granit, nommé la pierre des Anglais, en mémoire de MM. Pococke et Windham, qui y dînèrent en 1741, lorsqu'ils firent la découverte de cette contrée jusqu'alors inconnue.

Enfin, rassasié bientôt de cette muette jouissance, toute vierge qu'elle est pour les observateurs qui n'ont point fait le voyage du pôle, et affamé, pour ainsi dire, de jouissances nouvelles, j'ai voulu céder au désir, sinon de traverser, du moins de parcourir, en partie ce bras de mer. Avec des crampons aux pieds, et un bâton ferré à la main, on peut y marcher en toute sûreté. Par l'imprévoyance de mon guide, je ne m'étais précautionné ni de l'une ni de l'autre de ces deux ressources, ce qui doit faire sentir la nécessité de bien choisir ses guides, et je me contentai d'une courte promenade sur la glace; mais je ne conseillerais à personne de suivre mon exemple, sans le secours des crampons et du bâton ferré, dont ils devront se munir en partant. Avec cette précaution, le trajet du glacier d'un bord à l'autre, malgré les crevasses et les aspérités dont il est entrecoupé, est moins dangereux que la petite promenade que j'ai hasardée; vu la propriété qu'a le cuir, de devenir, quand il est mouillé, aussi glissant que la glace.

Sur l'autre rive, dans un pâturage resserré entre l'aiguille du Dru et le glacier, paissait un troupeau de vaches, que nous distinguions parfaitement; mais elles nous paraissaient extrêmement petites, ce qui nous fit juger la distance bien plus forte que nous ne l'avions crue d'abord. Le berger était presque imperceptible. C'est dans cette solitude qu'il passe tous ses étés, sans autre compagnie que celle de son troupeau.

On regrette de ne pas voir la continuation de ce glacier du côté du Sud, où il se recourbe vers le Sud-Ouest, pour aller se rattacher, derrière le Charmoz et le Tacul, aux bases du Mont-Blanc. Dans cette direction, le glacier porte lui-même le nom de Tacul, comme la montagne qui le domine.

Il ne faut pas moins que des observateurs ou des curieux, aussi passionnés qu'intrépides, pour entreprendre le voyage de ces mers glaciales, qui font racheter par des dangers et des fatigues sans nombre, un plaisir tellement troublé, qu'il devient une véritable peine pour les hommes qui ne peuvent trouver leur jouissance dans le mal-aise, les fatigues, les privations et les dangers. Ainsi nous ne suivrons ni M. de Saussure ni M. Bourrit dans ces périlleuses excursions, dont les détails, d'ailleurs pleins d'intérêt, doivent être puisés à la source même, qui est leurs propres ouvrages. Nous les suivrons encore moins dans leurs voyages au Mont-Blanc. On sait que le premier des deux est le seul qui soit parvenu au sommet. Le second n'a eu que l'honneur de l'avoir deux fois entrepris. Un an avant M. de Saussure, le docteur Paccard et le guide Jacques Balmat, lui en avaient frayé le chemin. Quelques

Ire. ROUTE DE PARIS A MILAN. 43

jours après lui, un Anglais, nommé Beausoix, atteignit encore la cime.

L'ascension du docteur Paccard et de Jacques Balmat, commença le 7 août 1786 : ils furent de retour à Chamouny le 9 à 8 heures du matin, ayant l'un et l'autre le visage enflé et les yeux en très-mauvais état.

Celle de M. de Saussure, la plus célèbre de toutes, commença le 1er. août 1787.

« Il partit de Chamouny à 7 heures du matin avec son domestique et 18 guides chargés d'instrumens de physique, d'une tente, d'un lit, d'échelles de cordes, de perches, de vivres, de paille, etc. La caravane arriva à 2 heures à la montagne de la Côte, où elle passa la nuit. Le lendemain, elle traversa d'abord le glacier de la Côte, dont les énormes fentes présentaient de grands obstacles à vaincre, ensuite les neiges qui s'étendent jusqu'au dôme du Gouté. Les rocs étaient plus escarpés et les glaciers plus remplis de crevasses. A 4 heures, on s'arrêta à une hauteur de 1995 toises au-dessus du niveau de la mer. Après avoir passé la nuit dans la tente, les voyageurs se remirent en route le lendemain 3 août. La pente était si rapide et la neige si dure, que ceux qui marchaient en avant étaient obligés de se servir de la hache pour y tailler des espèces de marches. A 8 heures, tout Chamouny vit la caravane avancer vers les dernières hauteurs : lorsqu'elle eût atteint le sommet vers les 11 heures, on fit sonner toutes les cloches du village. Madame de Saussure, l'œil fixé sur les télescopes, suivait de Chamouny tous les pas du naturaliste. Les voyageurs mirent deux heures à franchir la dernière rampe, qui cependant n'est ni longue ni escarpée ; mais l'excessive rareté de l'air épuisait si promptement leurs forces, qu'au bout de 10 ou 15 pas, ils étaient obligés de s'arrêter pour reprendre haleine et se reposer. M. de Saussure passa 5 heures dans sa tente sur le sommet de la montagne. A 3 heures, toute la caravane redescendit à 1200 pieds au-dessous de la cime, et passa la nuit dans ce lieu. Le 5 août, elle arriva heureusement à Chamouny. »

Tel est l'abrégé que donne le docteur Ebel du voyage de M. de Saussure, qu'il m'a évité la peine d'analyser. Je l'abrège encore moi-même, pour ne pas outre-passer les limites de mon Itinéraire, ne voulant d'ailleurs pas aborder les détails de cet intéressant voyage, qui perdrait trop de son prix sous toute autre plume que celle de son auteur.

Tant de voyageurs dont les diverses relations sont en ce moment sous mes yeux, ont décrit le Mont-Blanc, les glaciers et la vallée de Chamouny, en nous transmettant, les uns leurs observations, les autres leurs sensations, qu'il me serait difficile de rien ajouter, ni aux tableaux savans qu'en ont fait les uns, ni aux tableaux pittoresques qu'en ont fait les autres. Néanmoins, pour achever de payer moi-même ce double tribut, dont le lecteur me paraît avoir déjà reçu un léger à-compte, je terminerai la description de ces grands accidens de la nature, par l'Ode que m'inspira le premier aspect de la vallée de Chamouny et du Mont-Blanc, ainsi que de la chaîne des Alpes, que j'ai contemplée à loisir dans toutes les perspectives, et traversée dans tous les sens. Si les vers sont le tribut de l'imagination, les notes que j'y ai ajoutées seront celui de l'observation. (*)

(*) On pensera bien qu'une ode n'a pas été composée pour figurer dans cet ouvrage. Elle doit faire partie d'un recueil, dont on a déjà vu, il y a plusieurs années, quelques strophes et quelques éloges dans les journaux. Je compte les publier un jour en totalité, si le ciel m'en accorde le temps, mais il faut avant tout achever mon Itinéraire.

ODE
AUX ALPES.

Au premier jour du monde, aube de la nature,
Les monts offrirent-ils aux humains nouveaux nés
    La gigantesque architecture
Qui frappe dans les airs nos regards étonnés ?

Des Andes, de l'Atlas, les cimes inconnues,
Furent-elles toujours les colonnes des cieux ?
    Ont-elles jusqu'au sein des nues,
Porté dans tous les temps leurs fronts audacieux ? (1)

Si l'immense avenir à mon œil se dérobe,
Dans l'immense passé mon esprit se confond,
    Et les premiers âges du globe
Semblent s'être abîmés dans une mer sans fond.

Monts fameux qui régnez au centre de l'Europe,
Si vos énormes flancs eussent caché les feux (2)
    Que Lemnos offrit au Cyclope,
Ils auraient trop servi ses redoutables vœux.

Mais que dis-je ! le Dieu qui lance le tonnerre,
S'il eût pu l'allumer dans ces vastes volcans,
    Aurait anéanti la terre
En voulant foudroyer les rebelles Titans.

O toi, qu'osa gravir l'intrépide Saussure, (3)
Roi des monts, sois l'objet de mes premiers regards :
    Mon œil effrayé te mesure,
Et doute encor que l'homme ait franchi tes remparts.

Vingt monts inférieurs environnent ton trône, (4)
Tous devant leur monarque inclinant leurs sommets, (5)
    Le Rhin, l'Eridan et le Rhône
Sont les fougueux enfans de tes nombreux sujets. (6)

De ton manteau royal la blanche draperie, (7)
Traîne avec majesté jusqu'au fond des vallons,
    Et l'églantier de la prairie
S'étonne de fleurir à côté des glaçons.

Vous, qui vous prétendez les maîtres de la terre,
Insectes, nous dis-tu, qui rampez à mes pieds,
    Envisagez ma tête altière
Et baissez à l'instant vos fronts humiliés.

Votre atôme animé près de moi n'est visible
Que par la soif de l'or qui le tient agité;
    Mais il serait imperceptible
S'il eût reçu du ciel mon immobilité.

Homme insensé! des Dieux la sagesse éternelle,
Dans l'épaisseur des monts recela les trésors
    Que leur tendresse paternelle
Voulut pour ton bonheur soustraire à tes efforts. (8)

Mais non, malgré les Dieux, l'audace usurpatrice
Viola ce dépôt interdit aux humains:
    Sous le marteau de l'avarice
Le mont croule; et dans l'or l'homme plonge ses mains.

Dans ces antres mortels vainement il succombe, (9)
Il brave les destins, les Dieux et le remord.
    Lui-même, au fond de cette tombe,
Il s'enterre, cherchant la fortune ou la mort.

En proie à la fureur des fiers enfans d'Éole,
Jusqu'aux glaces du Nord suis-je donc transporté !
   Oui, les voilà les mers du Pôle, (10)
Je m'avance, et bientôt recule épouvanté.

   Au bruit retentissant d'une chute lointaine,
Les torrens ont paru se taire autour de moi :
   Quelle catasprophe soudaine
Vomit du haut des monts et le deuil et l'effroi !

   L'avalanche a croulé : de sa bruyante chute
La terre a retenti ; l'air au loin en mugit,
   Le pâtre en frémit dans sa hutte,
Le monstre des forêts dans son antre en rugit.

   Mais quel est le guerrier qui, d'un vol intrépide,
A travers ces périls, ces mers, ces tourbillons,
   Du fond du rivage Numide
S'élance environné de ses noirs bataillons ? (11)

   Vainqueur du peuple-roi, tu le fus des tempêtes,
Sur ces monts, de la terre indomptables enfans,
   Qui s'indignaient de tes conquêtes, (12)
Tout en courbant leur front sous tes pas triomphans.

NOTES.

(1) Parmi les divers systèmes qui ont été imaginés sur la formation des montagnes, les plus remarquables sont ceux de MM. de Buffon et de Saussure. Le premier les attribue aux courans sous-marins de l'Océan ; le second, en les attribuant à ses grandes débâcles, paraît plutôt donner l'origine des vallées que celle des montagnes ; et c'est cette origine qu'il me paraît aussi plus raisonnable de chercher, parce qu'elle ne se dérobe pas

également à nos yeux, auxquels elle vient au contraire s'offrir par une analogie frappante d'effets sans cesse reproduits et de causes toujours agissantes.

Qu'il me soit permis, sinon d'avoir aussi mon système, du moins d'exposer à mes lecteurs celui qui séduisit ma jeunesse par son extrême simplicité.

Pourquoi, disais-je, chercher toujours la formation des montagnes, lorsqu'aucune donnée satisfaisante ne nous dirige dans cette recherche? Pourquoi ne pas chercher plutôt celle des vallées que tout nous indique, et ne pas supposer aux montagnes la même ancienneté qu'au monde? Pourquoi les supposer postérieures à la création, et même accidentelles, lorsque tout nous dit que cet inépuisable réservoir des fleuves où la nature, en préparant la fécondité des plaines, pourvoit aux divers besoins des hommes et des animaux, a dû être, dès l'enfance du monde, aussi essentiel à sa conservation qu'il l'est aujourd'hui. L'élévation souvent prodigieuse des montagnes, n'effraie pas plus mon imagination que la profondeur des mers, et l'ancienneté des unes, n'a pas plus de quoi m'étonner que celle des autres. Il n'y a que leur configuration informe et bizarre qu'on ne peut raisonnablement faire remonter jusqu'à leur origine, soit parce qu'il répugne qu'elles soient sorties ainsi défigurées des mains de la nature, soit parce qu'on trouve la cause évidente de ces irrégularités dans l'action continue des eaux.

Je me suis donc représenté les montagnes du monde primitif, comme d'énormes gibbosités ou d'immenses plateaux, qui s'élevaient, à diverses hauteurs, sur diverses parties de sa surface, peut-être sans ordre, la nature ne l'exige point, mais non sans intention, elle n'agit point au hasard, et son motif est assez manifeste dans la création des montagnes : seulement, je ne leur supposais pas ces aspérités, ces déchiremens, ces flancs et ces sommets escarpés, fruit du temps qui les a rongés, comme il les ronge encore tous les jours.

Ces antiques hauteurs, que nous pourrons sans inconvénient et sans crainte d'être démentis par des témoins, supposer aussi considérables qu'il nous plaira, doubles, triples, décuples, si l'on veut, des hauteurs actuelles, s'adaptent parfaitement au système reçu, que les montagnes s'abaissent tous les jours, et que les plaines s'exhaussent : puisque les montagnes se sont évidemment abaissées, il n'en coûte pas plus de les faire descendre, à la longue, d'une hauteur perpendiculaire de 50 lieues que de 50 toises.

Plus nous élevons les montagnes primitives, plus nous entassons de neiges sur leurs croupes ; plus nous épaisissons les couches neigeuses, et plus nous grossissons les torrens qui en sortent.

En supposant donc, à ces portions saillantes du globe, les formes arrondies qui paraissent préférées par la nature, tandis que la difformité semble lui répugner, nous devons nous figurer les grandes chaines des Alpes, des Pyrénées, du Caucase, etc., comme de vastes dos-d'âne, dont les pentes ont dû être d'autant plus profondément sillonnées par l'écoulement des eaux, que le volume de ces dernières a été plus considérable. De larges sillons ont dû devenir des ravins, puis des gorges, enfin des vallées. La force et la rapidité étant en raison directe de la masse, ces grands effets ont de quoi moins nous étonner, si l'on considère que les montagnes présentaient aux neiges une beaucoup plus grande surface que de nos jours, en même temps qu'une beaucoup plus grande hauteur, et que les couches étaient à la fois plus étendues en largeur, en longueur et en profondeur. Cela une fois admis, quels énormes courans ne pouvons-nous pas supposer, et quels énormes courans ne faut-il pas aussi, pour avoir creusé les immenses vallées du Rhône, de l'Isère, etc.

Ainsi donc l'on peut dire que l'érosion des eaux, en formant les vallées, a formé aussi, en quelque manière, les montagnes, puisqu'elle leur a donné la forme que nous leur voyons. Cette érosion, dont plusieurs vallées semblent nous offrir les anciennes traces dans les sillons horizontaux que conservent encore les flancs des montagnes, sur les deux rives, à de grandes hauteurs au-dessus du lit actuel des fleuves, continue toujours à s'opérer sous nos yeux, mais plus lentement, parce que les grands efforts sont faits, et les grands résultats produits.

Tel est le système dont ma jeunesse opposait l'humble simplicité à la savante complication de ceux que je lisais dans beaucoup d'auteurs. Pour le simplifier encore, et me le rendre à moi-même plus palpable, je me figurais une montagne artificielle élevée dans un parc, et sur le sommet de cette montagne, un bassin, dont les eaux, alimentées par des moyens quelconques, s'écouleraient, dans tous les sens, le long des diverses pentes : ces pentes seraient bientôt sillonnées de rigoles, et d'autant plus profondément que l'inclinaison serait plus forte et les eaux plus abondantes. On sent qu'il ne faudrait que la vie d'un homme pour voir les rigoles devenir des ravins, et qu'un petit nombre de générations, pour voir ces ravins devenir des gorges.

Un examen plus approfondi, et muri par l'âge, m'a fait apercevoir le côté faible d'un système, fruit de mes premières observations. Il supposait que toutes les montagnes sont primitives; les cailloux roulés, ainsi que les dépôts marins, les coquillages, les ichtyolithes, témoins irrécusables du séjour et de l'action des mers sur les terres, n'entraient pour rien dans ce système.

Mais les montagnes primitives offrent aussi, en divers endroits, et en assez grande quantité les élémens constitutifs des montagnes secondaires. Le gypse se montre sur le Mont-Cénis, et des masses calcaires, en diverses autres parties de la chaîne centrale des Alpes; comme on voit aussi des blocs de granit évidemment exotiques, en diverses parties de la chaîne calcaire du Jura. Tout cela s'explique, je le sais; mais ce n'est pas ici le lieu; et tout cela, bien ou mal expliqué, n'empêcherait pas encore que les montagnes secondaires ne puissent être, comme celles que nous appelons primitives, aussi anciennes que le monde, en admettant seulement que les causes extraordinaires, les bouleversemens, les révolutions épouvantables qui paraissent les avoir formées, et qui sont l'éternel écueil de l'intelligence humaine, soient les mêmes qui ont formé le monde, lequel ne serait ainsi lui-même qu'un monde secondaire; et ce système paraît en harmonie parfaite avec le passage du chaos à la création, qui sépara tous les élémens auparavant confondus. *Unus erat toto natura vultus in orbe*: Dans cette confusion la terre et la mer ne faisaient qu'un. L'auteur de la nature parla, et chaque élément prit sa place. La nature succéda au chaos, et l'ordre à la confusion; mais ce passage ne dut point s'effectuer sans les mouvemens violens et convulsifs attestés par l'état actuel du globe. Ce système, moins savant sans doute que bien d'autres, est il moins fondé en probabilité?

(2) C'est une particularité remarquée par M. de Saussure, et bien digne de l'être par tous les savans, que les Alpes n'offrent dans toute leur étendue, aucune trace de volcanisation. Il a cependant observé à Valorsine une roche semblable à celle qui forme le noyau du Puy-de-Dôme, montagne regardée jusqu'ici, ainsi que toutes celles qui l'entourent, comme le produit des volcans. La nature singulière de cette roche, qui se retrouve à la fois, et dans une chaîne de montagnes primitives, et dans une chaîne de montagnes volcaniques, a été le sujet de beaucoup de recherches sur l'origine du Puy-de-Dôme. M. de Saussure serait disposé à douter que cette dernière montagne soit un volcan, plutôt que d'en admettre dans les Alpes. Qu'il me soit permis de concilier ensemble ces deux faits géologiques qui paraissent d'abord incompatibles, et ne le sont pas du tout, comme nous l'aurait prouvé le savant géologue, s'il s'était plus attaché qu'il ne l'a fait à expliquer cette apparente contradiction. Puisqu'il a reconnu dans le noyau du Puy-de-Dôme un granit chauffé en place, ce qui annonce un commencement de volcan, arrivé jusqu'à une volcanisation incomplète, mais non jusqu'à la formation des laves, le granit de Valorsine ne peut il pas avoir été de même chauffé en place par un feu souterrain, qui s'est éteint après un commencement d'incandescence, sans être arrivé jusqu'à la volcanisation complète?

(3) Si le voyage de M. de Saussure au Mont-Blanc n'est pas le premier en date, ce savant et intrépide observateur n'est pas moins le premier qui ait osé concevoir le hardi projet d'aborder cette cime, inconnue jusqu'à lui. Dès 1760, il promit une récompense à ceux qui découvriraient un chemin quelconque pour y arriver, offrant même de payer les journées à ceux dont les tentatives seraient infructueuses. Son voyage, exécuté un an après celui du docteur Paccard, qui ne fut qu'une entreprise hardie, et une curiosité satisfaite, a été bien plus célèbre, tant à cause du

Iʳᵉ. ROUTE DE PARIS A MILAN.

louable motif qui le lui a fait entreprendre, que des observations et expériences qu'il a exécutées sur le sommet.

(4) Ces monts inférieurs ne sont pas apparens de loin comme le Mont-Blanc, qu'on voit à cinquante lieues de distance. Ils dominent pourtant, ainsi que lui, le reste de la chaîne; mais aucun d'eux n'ose s'élever à son niveau, un seul paraît en approcher. Tous présentent, vus de près, des aspects aussi imposans que pittoresques; moins imposans sans doute que celui du Mont-Blanc, mais plus pittoresques par la variété et la hardiesse de leurs formes pyramidales.

(5) M. de Saussure a observé cette inclinaison vers le Mont-Blanc, de tous les sommets pyramidaux qui l'entourent; ainsi l'on voit que ce qu'on pourrait prendre pour une figure poétique, est un fait observé, une vérité géologique.

(6) Il est remarquable qu'aucun des grands fleuves qui sortent des Alpes n'a sa source au Mont-Blanc, quoiqu'il soit reconnu que les plus grandes rivières viennent toujours des plus hautes montagnes. Si l'Arve qui roule, avec les débris granitiques de ce mont, les abondantes eaux de ses glaciers et de ses neiges éternelles, n'est pas un de nos grands fleuves, c'est qu'à peine sortie des Alpes, au bout d'un cours d'environ 25 lieues, elle est absorbée par le Rhône qui a déjà parcouru une carrière quatre fois plus longue. Ce fleuve l'emporte moins sur elle par son volume que par cette espèce de primogéniture, et une réputation déjà faite, à laquelle l'Arve est forcée de sacrifier son nom, en même temps que les hautes destinées que semblaient lui promettre sa haute origine. Sans cette rencontre funeste à sa renommée, elle occuperait un rang honorable parmi nos principaux fleuves. Nous avons vu qu'elle n'a pas sa source au Mont-Blanc, mais qu'elle ne serait rien sans les puissans auxiliaires qu'elle en reçoit.

(7) C'est une des plus belles scènes de la nature que l'existence des glaciers; mais aucune partie des Alpes n'offre ce phénomène d'une manière plus imposante que le Mont-Blanc, dont la cime est couverte d'un éternel tapis de neige, et les bases moins couvertes que hérissées d'éternelles glaces, prolongées, non-seu-

lement jusqu'aux monts inférieurs qui lui servent comme de piédestal, mais encore jusqu'aux bases mêmes de ces monts, dans le fond des vallées. Tels sont les glaciers de Chamouny : on dirait qu'ils viennent disputer le domaine de cette belle vallée, aux champs, aux prés et aux jardins dont elle est couverte. Cette strophe, comme on voit, n'a pas plus emprunté aux fictions que la précédente, c'est l'histoire des faits, tels que les décrirait la prose la plus exacte, et tels que je les ai vus; c'est moins une métaphore qu'une comparaison, et comme telle, personne n'en contestera la justesse ; car c'est la première idée que fait naître la vue de ces glaciers.

La pente méridionale n'offre pas les mêmes traînées de glaces, soit parce qu'elle est escarpée, de manière à ne leur offrir aucun soutien, soit parce qu'elle reçoit plus long-temps et plus directement les rayons du soleil, qui parviennent à les fondre dans l'intervalle d'un hiver à l'autre. On sent qu'il n'en doit pas être de même du côté du nord.

(8) Les Alpes renferment beaucoup de mines d'or et d'argent : les premières ne sont plus exploitées. Les mines d'or du Nouveau Monde ont fait tomber celles de l'ancien, qui, moins abondantes, n'ont pu soutenir la concurrence ni les frais d'exploitation, la quantité subitement et prodigieusement augmentée de ce métal, l'ayant soumis à une dépréciation toujours croissante. On exploitait encore une mine d'or dans le dernier siècle sur le Simplon ; on en a exploité une dont on montre encore l'emplacement près d'Aoste. On connaît beaucoup d'autres anciennes exploitations dans d'autres parties des Alpes. Les paillettes d'or que roulent les flots de l'Isère, de l'Arve, de la Doire, et autres torrens ou rivières, ne laissent aucun doute sur l'existence de ce métal dans les Alpes. Les mines d'argent y ont mieux soutenu la concurrence. On y en exploite encore plusieurs : celles de Pesay dans la Tarentaise, et d'Almont ou Chalence, dans le val d'Oisans, en Dauphiné, sont les plus renommées.

(9) On connaît tous les dangers de l'exploitation des mines : outre la privation habituelle de la lumière du jour et de l'air pur de l'atmosphère, outre le double danger de l'éboulement des

terres et de la chute des rochers qui se détachent des voûtes, il arrive souvent que le marteau du mineur ouvre une issue à des émanations méphitiques et mortelles, qui, se dégageant tout-à-coup, avec des détonations foudroyantes, renversent morts sur la place, non-seulement les malheureux ouvriers qui en ont fait la funeste découverte, mais encore tous ceux qui travaillent dans cette partie du souterrain.

(10) Parmi les glaciers répandus autour du Mont-Blanc, le plus beau de tous, comme le plus remarquable par son étendue et sa position horizontale, est celui qu'on a baptisé Mer de glace. Je n'ajouterai rien ici à la description qu'on en a déjà lue.

(11) De tous les passages militaires des Alpes, le plus célèbre est celui d'Annibal, tant à cause de l'étonnante rapidité avec laquelle il l'exécuta, sans connaître les lieux, que des grands résultats qui en furent la suite; mais malgré les détails dans lesquels sont entrés les historiens à cet égard, les contradictions et les obscurités qu'offrent leurs relations, font de ce passage une véritable énigme historique; je ne dirai pas un problème à résoudre, car la solution en a été jusqu'ici impossible, autrement que par des systèmes, dont aucun n'est fondé sur cette évidence entraînante qui convertit les systèmes en vérités démontrées. Ils ont tous leur source dans des manières de voir particulières, et plusieurs dans des vanités locales. Tous les cols des Alpes, depuis le Mont-Saint-Gothard jusqu'au Mont-Viso, réclament ce célèbre passage. Le grand Saint-Bernard le dispute au petit, et le Mont-Genèvre au Mont-Cenis.

César et autres généraux romains, Charlemagne et autres souverains, tant de France que d'Allemagne, ainsi qu'une foule de généraux, ont passé depuis les Alpes sans que l'histoire se soit arrêtée sur ces événemens, et sans qu'ils aient été comptés au nombre de leurs exploits militaires.

(12) On sait que la résistance obstinée des Allobroges dans les gorges des Alpes fut la principale difficulté qu'eût à vaincre Annibal en exécutant ce célèbre passage.

C'est sur le Montanvert, au bord du plus beau glacier, presqu'au pied de la plus haute cime des Alpes, au centre de cette longue chaîne, et non loin des deux monts *Saint-Bernard*, qui se disputent avec tant d'autres le passage d'Annibal, que j'ai arrêté un moment mes lecteurs pour leur faire contempler ces majestueux objets, à travers le prisme de la poésie.

Le Montanvert, si fréquemment visité, et si intéressant pour les amis de la vraie nature, présente encore un intérêt de plus pour les amis des lettres, auxquels il rappelle le joli roman et le joli drame de Claudine de Florian, dont la scène principale a été placée, par l'auteur, sur cette montagne. J'avais entendu donner l'aventure pour véritable; je me suis assuré sur les lieux que c'est un véritable roman, ce qui diminue l'intérêt, mais ne le détruit pas.

Comme c'est le prolongement de la Mer de glace qui forme, ainsi qu'on l'a déjà dit, le glacier des Bois, les voyageurs qui sont bien aise de voir ces deux objets dans la même journée, peuvent se rendre aisément de l'un à l'autre, par le sentier de la *Filia*, qui descend rapidement à travers la montagne. Nous avons déjà décrit le glacier des Bois. (*p.* 35)

Le hameau qui lui a donné nom son, m'a offert un autre genre de phénomène, dont j'étais déjà instruit par l'ouvrage de M. de Saussure. C'est la naissance de deux Albinos : je n'en ai vu qu'un. Il avait les yeux rouges et clignotans, les cheveux, les sourcils, les cils, la barbe et la peau d'une blancheur excessive, tels qu'on nous peint les Albinos d'Afrique. Ces deux frères, nés au milieu des Alpes, sont des productions tout aussi exotiques dans ces montagnes que s'ils étaient nés partout ailleurs. Non-seulement le pays n'en fournit pas d'autre exemple, mais la famille même est absolument étrangère à cette infirmité. Le père et la mère ont les yeux noirs et la peau brune, et l'un des deux frères, marié à une assez jolie femme, avait un enfant qui ne lui ressemblait pas.

Les personnes faibles ou âgées, qui, craignant de ne pouvoir atteindre le Montanvert, désirent cependant voir la Mer de glace, pourront satisfaire leur curiosité, sans prendre autant de peine, en se transportant au site du Chapeau. C'est une hauteur d'un accès facile, qui s'élève à 2 lieues Nord-Est de Chamouny, à l'opposite du Montanvert. On s'y rend en traversant la plaine des Prés et le hameau des

Tines. De ce plateau, on voit, non-seulement une portion considérable de la vallée de glace dans la partie où elle se sépare du glacier des Bois, mais encore les aiguilles du Mont-Blanc et le Mont-Blanc lui-même.

« On n'a devant soi, dit M. Bourrit, que le désordre le plus affreux : on ne voit que d'énormes pics de glace, et d'énormes crevasses. Comme en cet endroit la vallée de glace est très-rapide, chaque pic s'incline contre le bas, et présente sa pointe en avant, comme un pieu de fortification ; et tandis qu'on a les yeux sur cette étonnante production, on est tout-à-coup surpris par la chute de quelques-unes de leurs parties. Ce sont encore des blocs de rochers qui glissent sur leurs bases, entraînent d'autres blocs et des arbres entiers qu'on voit posés perpendiculairement entre les pics ou amoncelemens de glace. »

Un autre site intéressant à visiter, mais pénible à aborder, est le sommet du Mont-Breven, qui s'élève au nord de la vallée de Chamouny. C'est un point de vue des plus favorables pour bien voir le Mont-Blanc, situé presqu'en face, au Sud de la même vallée.

Après avoir parcouru tout ce que les environs de Chamouny ont de plus intéressant, j'ai eu le regret de ne pouvoir suivre la vallée de l'Arve jusqu'à Genève. J'avais laissé ma voiture à Martigny : il fallut retourner sur mes pas, sans pouvoir me donner d'autre jouissance nouvelle que la vue de l'horrible et curieux défilé de Valorsine, où je pus observer, chemin faisant, la pierre mentionnée par M. de Saussure, et assimilée par lui à celle du Puy-de-Dôme. (*V. ma note p. 52 de ce volume.*) Depuis lors, j'ai plusieurs fois projeté le voyage de Genève à Chamouny, mais ce projet, constamment traversé par quelque obstacle, est toujours resté sans exécution.

Toutefois, pour ne pas omettre, dans une description géographique qui n'admet pas de lacune, une route aussi importante, je remplacerai la relation que je n'en puis donner moi-même, par celle d'un des nombreux voyageurs qui l'ont observée et décrite. Placé à cet égard dans l'embarras des richesses, je voudrais donner la préférence au plus savant de tous, qui est sans contredit, M. de Saussure; mais sa description, beaucoup trop détaillée pour les bornes de cet ouvrage, quoique toujours instructive et souvent très-intéressante, est beaucoup trop scientifique pour la généralité des lecteurs, je me décide pour celle de l'anglais William Coxe, l'un des plus judicieux observateurs des Alpes.

« Lorsque nous quittâmes Chamouny, dit-il, nous vîmes les montagnes diminuer graduellement de hauteur, et les vallées que nous parcourions se diversifier d'une manière très-agréable dans leurs formes et leurs productions. Ces sites doivent paraître admirables à des voyageurs qui n'ont encore vu que les parties les plus cultivées et les moins agrestes de la Suisse; mais il ne firent qu'une médiocre impression sur nous, qui sortions de ses régions les plus sauvages et de ses rochers les plus affreux.

« Nous suivîmes le cours de l'Arve, qui prend sa source dans le glacier de l'Argentière, (*) et qui cotoie long-temps le chemin avec la rapidité d'un torrent. Près de Salenches, nous commençâmes à descendre; à notre droite était un petit lac, formé par un torrent qui s'élance des entrailles d'un rocher; ce lac se décharge dans l'Arve par un autre torrent; sa situation est très-pittoresque, et ses bords ombragés par de belles forêts, sont très-agréablement diver-

---

(1) M. Coxe se trompe, nous avons vu la source de l'Arve au col de Balme.

sifiés. Delà nous descendîmes dans la plaine qui s'étend de niveau jusqu'à Genève. Salenches est au fond d'une vallée assez large, qui se transforme ici en un étroit défilé. La tradition veut que cette petite plaine ait été jadis un lac, et en effet, sa forme, aussi bien que la nature, semble justifier cette opinion. Elle est en grande partie dévastée par l'indomptable Arve, qui submerge fréquemment ses rives. Le reste est couvert d'arbres fruitiers.

« A une petite distance de *Magland*, nous nous arrêtâmes pour admirer une superbe chute d'eau, nommée la cascade d'Arpenas. Elle est formée par un torrent qui se précipite, comme le *Staubbach*, du haut d'un rocher surplombé. Quand nous vîmes cette chute, un vent très-impétueux qui s'emparait du torrent, au moment où il échappait à son canal, l'écartait de cent verges au moins de sa direction perpendiculaire, et le réduisait en une pluie imperceptible; cette bruine, arrêtée par la pente de la montagne, en découlait sous la forme de mille petits ruisseaux qui se confondaient sur un rebord du roc, et de là s'échappaient, divisés en trois cascades différentes. La masse d'eau est beaucoup plus considérable que celle de Staubbach, et la chute ne me parut pas moins haute.

» Entre Magland et Cluse nous prîmes un guide pour nous conduire à la caverne de Beaume, dont nous avions● une très-magnifique description. La montée par laquelle on y parvient, n'est pas fort longue, mais elle est si escarpée que nous employâmes près d'une heure à la gravir. Il fallut ensuite se hisser le long d'un affreux précipice, et enfin employer une échelle pour nous élever jusqu'à un noyer qui a pris racine sur le rocher, près de la bouche de la caverne, et à l'aide des branches duquel nous réussîmes à y entrer. C'est une cavité naturelle dont la longueur est d'environ un quart de mille, et qui se divise en plusieurs rameaux qui aboutissent à de vastes creux, ou se perdent sous des voûtes extrêmement élevées. Un homme dont l'imagination est très-vive, peut y avoir trouvé une basilique superbe, couronnée de son dôme, un arsenal, les ruines d'un palais somptueux... moi, je n'ai vu qu'une spacieuse caverne, remplie de stalactites et de pétrifications. Tout cela faisait un assez bel effet, je l'avoue, mais j'en ai vu à-peu-près autant dans toutes les cavernes que j'ai visitées, et celle-ci ne nous a rien offert d'assez admirable pour nous dédommager de ce qu'il nous en avait coûté de peine pour y pénétrer.

» Nous passâmes la nuit à Cluse, petite ville située dans une fertile plaine, voisine de l'Arve. Le lendemain matin nous côtoyâmes ce torrent jusqu'à la *Bonne ville*, capitale du duché de Faucigny, bâtie sur ses bords, et au pied d'une formidable chaîne de rochers, qui dégénère là en un cordon de collines. Toute cette partie du Faucigny, ainsi qu'une petite portion du Chablais que nous avons traversée, est une riche plaine qui produit en abondance du vin et du blé ; mais sa culture et sa population ne sont par proportionnées à sa fertilité.

» Près du petit village de Chêne, nous entrâmes sur le territoire de Genève : le contraste tranchant de la pauvreté des Savoyards et de l'opulence des Genevois, la nombreuse population de ces derniers, la propreté de leurs habitations, et l'état florissant de leur agriculture, enfin, cette multitude de maisons de plaisance semées dans la campagne, et qui me rappelaient celle de l'Angleterre, tout se réunissait pour exciter mon admiration, et me pénétrer des sentimens les plus satisfaisans. »

Telle est la description de la route de Chamouny à Genève par Coxe, qui devait avoir l'imagination bien remplie de son pays, pour que la vue des maisons de plaisance des Genevois aient pu le lui rappeler. Quel rapport y a-t-il entre le riant territoire de Genève et la triste Angleterre ; entre un pays où l'on voit tant de maisons de campagne, et un pays où l'on en voit si peu, du moins le long des grandes routes ou sur les avenues des grandes villes.

De Chamouny où nous étions arrivés par le col de Balme, nous sommes retournés, par les défilés de Valorsine et de la Tête-Noire, à Trient où nous avons fait halte de nouveau, et de là, par la montagne de Forclas, à Martigny, notre point de départ. — *Parcouru depuis Paris jusqu'à Martigny*................ lieues. 155

§ 44. *De Martigny à Riddes*........... 4 $\frac{1}{3}$
§ 45. *De Riddes à Sion*............. 4 $\frac{1}{2}$

La direction du Nord au Sud que nous avons suivie depuis Saint-Maurice, conduit au grand St.-Bernard (*v. com^{tion}. de Martigny à Aoste.*) Le chemin du Simplon quitte ici cette direction, pour prendre celle de l'Est, en tournant brusquement à gauche, comme la vallée du Rhône qu'elle continue à remonter. Cette vallée, en changeant de direction change aussi de physionomie, et perd en fraîcheur ce qu'elle gagne en largeur. Parsemée de moissons et de prairies, elle est encore plus consacrée aux

Iʳᵉ. ROUTE DE PARIS A MILAN.

pâturages qu'à l'agriculture. Ces pâturages, par fois marécageux, nourrissent de bons élèves en chevaux. Les champs, généralement fertiles, produisent de 6 à 7 pour un. Le blé se bat dans des granges élevées sur des poteaux, pour le garantir des rats.

La montagne de droite est couverte de prés et de bosquets vers la base, de forêts et de rochers vers la cime, le tout entremêlé de quelques champs soutenus par des terrasses. De tristes vignobles, de bien plus tristes rochers couvrent la montagne opposée, qui présente son flanc aride aux ardeurs du midi. Ces vignobles produisent de fort bons vins. Riddes est un village. On traverse, un quart de lieue plus loin, celui de Saint-Pierre, et, entre les deux, le Rhône, sur un pont de bois, qu'on devait, lors de mon dernier passage en 1808, remplacer par un pont de pierre. Un petit ruisseau, qu'on traverse peu de temps après, sépare le bas et le haut Valais.

Ville de Sion. La ville de Sion s'annonça d'une manière lugubre à nos regards, par ses fourches patibulaires, dressées sur une butte, où roulaient au gré des vents, les hideux restes d'un supplicié. Cet aspect fit sur nous une impression défavorable au pays : elle ne tarda pas à s'accroître par le spectacle des goîtres énormes qu'on rencontre à chaque pas dans cette ville. Ils avaient fréquemment affligé mes regards depuis Saint-Maurice jusques là ; mais ils sont tellement nombreux à Sion, qu'on pourrait appeler cette capitale du Valais la capitale des goîtreux. Je soutenais aux deux conseillers d'état qui formaient alors, avec un président connu sous le nom de *Grand-Bailli*, le gouvernement du Valais, que, sur quatre habitans, il y avait trois cretins ou goîtreux ; ils ne sont convenus que d'une moitié : on peut avoir l'exacte vérité en partageant la différence, et portant le nombre aux deux tiers. Ces êtres monstrueux encombrent les rues. Je cherchais dans la foule quelques visages humains, et j'en trouvais si peu, qu'il m'était impossible de ne pas les envisager comme des exceptions.

Les cretins et les goîtreux, confondus par plusieurs voyageurs, ne le sont pas par les naturalistes. Le cretin est dans un état de stupidité complète ; ses traits sont informes, son corps rabougri, son cou gros et gonflé, ses yeux creux, son nez épaté, ses lèvres épaisses, ainsi que sa langue, dont il ne peut faire presqu'aucun usage pour la parole. Tous ses organes sont dans le même état d'imperfection. Il est ordinairement goîtré; mais souvent il ne l'est pas du tout. Les goîtreux aussi ne sont pas toujours cretins; bien loin de là, on en voit un grand nombre que le goître ne défigure pas, et ne prive d'aucune faculté morale. Un des deux conseillers d'état qui me parlait, homme de beaucoup de sens et de fort bonne société, en cachait lui-même un assez gros, sous une énorme cravatte qui m'avait empêché d'y prendre garde, sans quoi ce n'est pas à lui que j'aurais adressé mes observations et mes questions à ce sujet.

Les femmes sont plus sujettes au goître que les hommes. Quelquefois néanmoins, et surtout les jours de marché, on y en aperçoit de très-belles, qui viennent de certaines parties de la vallée où la beauté est moins rare, et des montagnes voisines où elle est très-commune. Des tailles hautes et sveltes, des poitrines avancées, des cheveux blonds, des figures aussi agréables par la régularité des traits, la fraîcheur du teint et la blancheur de la peau, qu'intéressantes par l'expression de la physionomie : telles sont les belles Valaisanes, si bien traitées dans la lettre de l'amant de Julie. « Les Valaisanes, lui dit-il, sont jolies, et vous pouvez m'en croire ; des

5*

yeux accoutumés à vous voir doivent se connaître en beauté. »

Ainsi le Valais présente le contraste frappant de ce que la nature humaine peut offrir de plus beau, à côté de ce qu'elle peut produire de plus hideux. Les jolis costumes valaisans, si bien décrits dans la même lettre, n'ont pas peu contribué, sans doute, à charmer ce mélancolique voyageur. Ils consistent dans un leste casaquin, qui est ordinairement de soie, et dans un petit chapeau de paille, placé de côté, en forme de disque, sur le haut de la tête, d'une manière très-gracieuse, et quelquefois très-riche. L'or et l'argent y brillent plus ou moins, suivant le plus ou moins de fortune ou de goût, et sans doute aussi, suivant le plus ou moins de coquetterie; car on a trop de quoi plaire sous ce galant costume, pour que celles qui le portent soient étrangères à cet art, bien voisin de la nature, sans doute, dans un pays où les mœurs en sont encore si peu éloignées ; aussi rien n'a l'air plus naturel que cette parure de bergère, dont on ne voit l'imitation en France que sur nos théâtres, si j'en excepte un village de la route de Paris à Lyon, où je l'ai remarqué : c'est celui de Saint-Albain. (*Voyez cette route p.* 68) Ce costume valaisan est celui de toutes les classes.

Mme. la Grande-Bailli (c'est ainsi qu'on désignait l'épouse du chef de la république) n'était pas mise autrement. On la regardait comme une des plus belles femmes du Valais, à un goître près, auquel on ne faisait pas attention dans le pays; et véritablement, quoique assez gros, il ne la défigurait point. Il lui avait poussé depuis peu de tems. Elle venait de marier sa fille, qui aussi grande, aussi belle personne qu'elle, n'avait pas encore le goître ; mais elle en avait l'expectative, étant le portrait de sa mère, qui ne l'avait pas non plus lorsqu'elle s'était mariée. Le nouvel époux s'y attendait d'avance ; sa femme s'y attendait de même, et personne ne s'en affligeait. J'avoue

> Qu'en la voyant si belle
> Je m'en affligeais pour elle.

La ville s'empresse partout d'imiter la cour: on pense bien que lorsque la famille du Grand-Bailli reste fidèle elle-même au costume valaisan, les autres dames de Sion ne consultent pas plus qu'elle notre Almanach des modes ; et toutes, sans exception, préfèrent aux costumes changeans du reste de l'Europe, les petits chapeaux et les petits casaquins à la valaisane, qui ne varient jamais.

Les cheveux plats, sans poudre, et une longue queue, étaient encore en 1808, époque de mon dernier passage, préférées par les hommes aux coiffures à la *Titus*. La réunion momentanée de cette république à la France, a sans doute momentanément altéré cette simplicité de costume et de mœurs, qui doit être revenue depuis à sa pureté primitive. Siége du gouvernement valaisan et d'un résident français, la capitale de cette ancienne république, alliée de la Suisse, s'est vue, pendant quelques années, le chef-lieu d'une préfecture française et de tous les établissemens qui en font suite. C'était le moins populeux de nos départemens et le plus petit de tous nos chefs-lieux, comme c'est encore la plus petite des capitales de l'Europe. Sa population s'élève à peine à 2000 âmes, compris plus de 1000 cretins ou goîtrés.

Quoique cette ville soit loin d'être jolie, on y voit une très-large rue, bordée de quelques maisons passables, qui se font remarquer par leurs balcons dorés, seul genre de luxe qu'on aperçoive à Sion. Cette dorure est appliquée sur des armoiries en fer très-bien travaillées. Ce sont les maisons des nobles, car cette petite ville aussi a sa petite noblesse.

Un hôpital situé hors des murs, auquel on ne ferait point attention ailleurs, est un fort bel édifice pour le pays. Point de place, point d'autre promenade qu'un terrain vague et pierreux, récemment planté d'arbres, dans la plus triste des positions qu'offrent les dehors de cette triste ville. Elle est pourtant assez bien située, non loin de la rive droite du Rhône, au pied de la chaîne qui règne sur cette rive, et de deux ou trois monticules isolés, où l'on voit encore les ruines gothiques des châteaux destinés jadis à sa défense, dont un servit depuis de palais à ses évêques. Ces monticules ne servent aujourd'hui qu'à rendre l'emplacement de la ville plus pittoresque.

Il ne faut pas négliger de gravir sur le plus rapproché des trois, le mont *Valère*, où l'on remarque de vieilles maisons abandonnées et une église qui s'est conservée en bon état, au milieu de ces débris. Il offre, sur le haut et le bas Valais, un double point de vue, qui n'est pas sans intérêt. De l'autre côté du Rhône, la montagne haute et escarpée des Mayens fait face à la ville et borne la vue par un beau rideau de verdure. Entièrement couverte de bois et de prairies, elle est parsemée de petites habitations dont la blancheur éclatante nuance agréablement le vert rembruni du tableau. Ce sont les maisons de campagne des habitans de Sion. Des prairies plantées de beaux noyers, et des vergers délicieux, tapissent la vallée, entre la ville et le pied de cette montagne.

Malgré ce gracieux et frais entourage, dont il n'a été tiré aucun parti, Sion m'a paru le plus morne des séjours; la multitude des goîtreux et cretins qu'elle renferme ne contribue pas peu sans doute à l'attrister. Ce vice physique, plus inhérent à la basse classe qu'au reste des habitans, trouve sa compensation, aux yeux des étrangers, dans les mœurs pures, simples et hospitalières des habitans de toute la contrée. Ils sont généralement d'un naturel doux, et quelques-uns d'une société agréable. Ils ont peu de riches parmi eux : le Grand-Bailli ne l'est ordinairement pas lui-même, et il ne le devient point par sa place, puisque la liste civile de ce chef de l'état n'assignait que 120 louis, compris les frais d'administration. Les deux conseillers d'état n'avaient que 100 louis chacun, et le secrétaire d'état 65 : voilà tout le gouvernement. Des traitemens aussi modiques équivalent à des lois somptuaires : en interdisant le luxe au gouvernement, on l'interdit aux particuliers.

Une chose à voir aux environs de Sion est l'ermitage situé à une demi-lieue S. E. de cette ville. C'est une caverne divisée en plusieurs compartimens et en divers étages, auxquels on arrive par des escaliers taillés dans le roc, et par de petits balcons en bois. Elle est ouverte, comme l'ermitage de Saint-Maurice, dans l'escarpement d'un roc, coupé à pic au-dessus d'un torrent, qui bouillonne à 50 toises de profondeur perpendiculaire. Trois pauvres solitaires habitent cette pauvre retraite, que leur disputent les hiboux, et que partagent avec eux les chauves-souris. Celui qui nous a reçus était un vieillard septuagénaire. A sa taille courte et ramassée, à sa marche lente, à sa robe brune et d'une nuance presque fauve, nous crûmes voir avancer un ours du fond de sa tanière; mais à son débonnaire accueil, à son ton mélancolique, à son corps affaibli par les privations et l'austérité, nous nous crûmes bientôt en présence d'un des anachorètes de la Thébaïde. Il nous expliqua en français, un peu allemand, l'histoire de sa maison. Il y était seul dans le moment; le plus jeune était allé vendanger la petite vigne qu'ils ont plantée tout autour de leurs rochers ; le doyen avait été prendre les bains de Loek : il en avait reçu la permission de M. Barbarin, étant très-malade. — Qu'est-ce que M. Barbarin ? — C'est l'économe. — Quoi, un économe pour un ermitage!

— Oui, Monsieur, c'est un particulier de Sion ; il prend l'argent du tronc et c'est lui qui nous fournit.... Mais du moins vous fournit-il le nécessaire ? — Le solitaire se tut. — Le tronc est-il abondant? — Nous n'en savons rien, il ne nous le dit pas ; mais nous le lui voyons vider, et si nous avions tout çà . . . . Mon camarade le doyen s'étant fâché avec lui, lui a dit qu'il nous laissât le tronc et que nous ne lui demanderions plus rien. Il a répondu que son père avait fait des dépenses pour l'ermitage, et qu'il fallait . . . . Pendant cet entretien, le camarade vendangeur arriva, le dos chargé de raisins, ou plutôt de verjus. Je lui demandai pourquoi il n'attendait pas la maturité. Il me répondit que si l'on attendait, les renards ne laisseraient rien. Je voulus goûter le vin ; l'eau la plus mauvaise est meilleure que cette dégoûtante boisson.

Quoique Sion soit dans le haut Valais, où l'on ne parle que l'allemand, cependant presque tout le monde y entend le français, par l'effet des rapports continuels qu'ont les habitans de cette ville avec ceux du bas Valais, leurs voisins ; mais personne ou presque personne ne l'entendait encore au-delà de Sion, lors de mon dernier passage.

Les mœurs paraissent changer avec la langue, après cette ville, et présenter un caractère plus sérieux et plus dur. Les habitans du haut Valais se regardent comme les tyrans nés de leurs compatriotes les bas Valaisans, et qu'ils tenaient dans leurs chaînes, lorsque l'entremise du gouvernement français vint rétablir l'égalité parfaite entre les hauts et les bas Valaisans. — *Parcouru depuis Paris*. . . . . lieues. 164½

§ 46. *De Sion à Sierre*. 4½

La route tracée sur la rive droite du Rhône, est tantôt taillée en corniche dans la base schisteuse de la montagne dont il ronge le pied, tantôt ouverte à travers les vignobles qui tapissent les pentes prolongées de cette montagne, et les parties les plus hautes de la vallée. Toute la partie basse est devenue le domaine du Rhône, qui l'occupe en entier, soit par ses eaux bourbeuses et ses marécages, soit par ses graviers et ses îles. Les chaussées de la route, lors de mon passage, n'étaient point partout assez élevées pour la mettre à l'abri des invasions de ce fleuve. Une double digue pourrait seule le contenir dans son lit, rendre à la culture toutes les terres qu'il lui enlève; et garantir de ses ravages la route, qui pourrait aussi servir de digue elle-même, si on la dirigeait le long des rives; mais de pareils travaux exigeraient un effort d'industrie et d'activité difficiles à obtenir du Valaisan, le plus inactif et le moins industrieux de tous les peuples.

La vallée est de loin en loin hérissée de monticules qui paraissent hors de leur place aux yeux des voyageurs, et hors des lois de la nature aux yeux de l'observateur. Ce sont des quartiers de montagnes éboulés; funestes accidens dont j'ai aperçu quelques autres vestiges avant Sion, mais point aussi frappans. Ces désastres, assez fréquens dans les Alpes, ne sauraient être prévenus par aucun effort de l'industrie humaine, et tout ce qu'elle peut contr'eux c'est de n'y exposer ni les habitations ni les bergeries.

La vallée s'évase en un large bassin, avant d'arriver à Sierre, bourg assez agréable par la blancheur de ses maisons, et plus encore par sa riante situation, au milieu des prairies et des vergers. Ce bassin dominé, comme celui de Sion, par des coteaux de vignes, qui le sont eux-mêmes par de hautes cimes couvertes de forêts, offre des tableaux aussi variés que pittoresques. La population de Sierre est d'environ 5 à 600 habitans. C'est le séjour des gens les plus riches du Valais. Les voyageurs y trouvent une auberge passable, et peuvent y voir quelques inscriptions romaines dans des maisons particulières. — *Parcouru depuis Paris*. 169 *lieues.*

§ 47. *De Sierre à Tourtemagne*. 4½

Au bout d'un quart de lieue la route franchit le Rhône sur un pont de bois, au sortir duquel elle s'engage dans les forêts de pins qui occupent ici les bases des montagnes. Après avoir perdu de vue le fleuve, l'espace d'une lieue, on le retrouve vis-à-vis de Leuk ou Lewck, bourg situé sur une colline de la rive opposée. « Il succède à Sierre, (dit M. Echasseriaux, ancien résident du Valais) dans l'ordre des situations qui méritent l'attention du voyageur, et se fait remarquer par l'ancienneté de quelques monumens, et par un des plus vastes points de vue du Valais. » Il est encore plus remarquable par les eaux thermales auxquelles il a donné son nom, quoiqu'elles soient à trois lieues au-delà, dans la haute gorge dont on aperçoit l'ouverture au-dessus du bourg. Elles sont ferrugineuses, et chaudes depuis 31 jusqu'à 38 degrés. Elles ont de la réputation pour les maladies de la peau, les rhumatismes, la goutte et les blessures ; elles sont aussi employées intérieurement pour les obstructions. On s'y rend de tous les cantons de la Suisse et de toutes les parties de l'Europe.

La gorge de Leuk est une des plus fécondes en sites extraordinaires. Elle se termine, à peu de distance au-dessus des bains, par un vaste glacier, à gauche duquel s'ouvre le col de la Gemmi, regardé, par le docteur Ebel, comme le passage le plus curieux de la Suisse. Le chemin y est taillé en zig-zag dans un roc presque perpendiculaire, sans offrir néanmoins, au moyen de petits murs d'appui dont il est bordé, aucun véritable danger, si ce n'est pour les personnes sujettes aux étourdissemens. Ce col, par lequel on passe du Valais dans le canton de Berne, est haut de 1160 toises au-dessus du niveau de la mer.

Les collines de Leuk sont couvertes de vignobles, genre de culture qui va bientôt cesser entièrement, pour ne plus reparaître que dans l'Italie.

Le beau pont de bois sur lequel on traverse

Iʳᵉ. ROUTE DE PARIS A MILAN. 79

le Rhône, pour se rendre à Leuk, par la route que nous suivons, est couvert d'un toît qui met la charpente, ainsi que les passans, à l'abri de la pluie, et forme une galerie couverte comme celui d'Alexandrie, dont nous avons parlé à l'article de cette ville. (*Route de Paris à Gênes*, *t*. 3, *p*. 7.)

Ici la vallée, totalement envahie par le fleuve, n'offre qu'une surface de cailloux parsemée de broussailles, et n'a plus rien de remarquable jusqu'à Tourtemagne, misérable village, où l'on ne doit s'arrêter que le temps nécessaire pour voir une superbe cascade, et une carrière de gypse qui est auprès. —*Parcouru depuis Paris*. . . . . lieues. 173½

---

§ 48. *De Tourtemagne à Viège*. 4½

Encore une vallée triste et rarement cultivée, dont l'habitant abandonne la plus grande partie aux ravages du fleuve. Encore des chemins taillés en corniches, et obtenus par des escarpemens prodigieux. Bientôt la vigne cesse entièrement et fait place aux forêts de sapins, qui s'emparent de tous les flancs des montagnes, dont elles ne cèdent à l'agriculture, que quelques faibles portions. La vigne se reproduit pour la dernière fois dans les côtes abritées de la gorge de Viège. Le bourg de ce nom ressemble à une petite ville, par ses maisons hautes, noires, vieilles et pressées l'une contre l'autre. Quelques-unes ont 4 et 5 étages. Cette hauteur extraordinaire de toutes les maisons d'un simple bourg du Valais, excita ma surprise, que je manifestai à un conseiller d'état natif de ce lieu, où il se trouvait lors de mon passage. Il m'apprit que ces nombreux étages sont en grande partie vides, le propriétaire occupant avec sa famille toute la maison, qui pourrait servir pour 4 ou 5 ménages. Mais pourquoi a-t-on bâti d'aussi hautes maisons dans un aussi petit bourg? Ce bourg a-t-il donc été une ville, et une ville populeuse? Viège n'a jamais été qu'un bourg; mais assez peuplé : il renfermait beaucoup de familles nobles, qui croyaient se loger noblement en élevant ainsi leurs maisons. Ces familles sont presque toutes éteintes : j'en ai demandé la cause, et on n'a pu me la dire. Quoiqu'il en soit, Viège, qui pourrait contenir 2000 âmes, n'en contient pas 500.

Le torrent qu'on y franchit est presque aussi fort que le Rhône : il a sa source dans les glaciers de Charmontane, au pied du Mont-

Rosa, réputé presque aussi haut que le Mont-Blanc. — *Parcouru depuis Paris.* . . . . 178 lieues.

---

§ 49. *De Viège à Brigg* 2½

La vallée, qui s'ouvre considérablement, devient plus fraîche et plus cultivée. Au fond du bassin qu'elle forme, on voit la petite ville de Brigg dominée par un superbe amphithéâtre de prairies. Une large croupe, revêtue de sapins, s'élève depuis ces belles prairies jusqu'à la région des neiges et des glaciers. On sent que cette position ne peut manquer d'être gracieuse. Je n'en connais point de pareille dans les hautes Alpes. La petite ville de Brigg n'est pas sans agrément par elle-même. Elle offre un air d'aisance générale, des maisons bien bâties, un jolie place, deux assez beaux couvens et un château remarquable par sa construction semi-gothique, surtout par ses quatre tours quadrangulaires, lancées à une hauteur prodigieuse, et surmontées d'énormes boules de fer-blanc, qui ressemblent par leur forme et leur grosseur à des ballons renversés, comme celles qui couronnaient les pavillons des Czars à Moscow. Je n'ai retrouvé que bien rarement le même genre de couverture ou de dôme, dans mes voyages. Ce château est l'habitation de la famille de Stokalberg, la plus ancienne et la plus riche de tout le Valais, et par conséquent la plus distinguée. Elle était millionnaire avant la génération précédente, qui s'est divisée en deux branches; celle du baron actuel, père de huit enfans, va se subdiviser en autant de nouvelles branches, qui ne conserveront plus que le souvenir de cette fortune colossale. La famille Stokalberg fut à une certaine époque, d'après M. Ramond, l'objet d'une espèce d'ostracisme. J'ai consulté sur cette anecdote divers habitans instruits, qui n'en ont eu aucune connaissance.

Presque toutes les montagnes de cette partie septentrionale du Valais appartiennent au baron. On m'a prouvé que ces immenses biens ne lui rendaient pas deux pour cent. Pourquoi ne pas les vendre et ne pas acheter ailleurs des biens plus productifs, dans de plus beaux pays? — Pourquoi? 1°. parce qu'il ne trouverait pas à les vendre ou que ses concitoyens ne trouveraient pas assez d'argent pour les payer; 2°. parce qu'étant Valaisan lui-même, et par cette raison peu porté au changement, loin de songer à de semblables aliénations, il ne songe au contraire qu'à faire de nouveaux achats, toutes les fois que l'occasion s'en présente. Quand j'ai pénétré dans l'intérieur de son château, j'ai d'abord été tenté de rire à la vue de son mobilier, de ses chaises de bois, etc.; mais un sentiment tout opposé s'est emparé de moi, en apprenant que ce château, naguères richement meublé, a été devasté par la guerre que nous avons portée dans ces paisibles contrées, en poursuivant l'armée austro-russe, lors de sa retraite de l'Italie, sous le commandement de Souwarow.

Brigg est le seul lieu commerçant de tout le Valais. C'est un point d'entrepôt pour les marchandises de la Suisse, de la France et de l'Italie. Il y a trois ou quatre maisons de commission ou de banque, toutes tenues par des Italiens, et toutes sur un bon pied. Le climat de cette ville est d'une froidure assez tempérée pour admettre la végétation des arbres fruitiers. Quoiqu'elle soit au pied de la chaîne centrale des Alpes, son élévation au-dessus du niveau de la mer n'est que de 368 toises.

Son aspect lointain nous en a fait anticiper la description. Le village de Gliss, où nous avons passé un quart de lieue auparavant, se fait remarquer par son église, la plus belle du

Valais. Un quart de lieue avant Gliss, la route passe à travers un reste de mur antique, qui traversait la vallée dans toute sa largeur, et s'élevait sur les bases des montagnes, jusqu'au point où la rapidité de la pente les rend inaccessibles. C'était une espèce de fortification destinée à garantir les anciens habitans de la contrée, des incursions de leurs voisins. — Parcouru depuis Paris. 180

lieues.

§ 50. *De Gliss ou Brigg à Ganter ou Persaal.*   6
§ 51. *De Ganter au Simplon.*   6

On abandonne la vallée du Rhône, qui se prolonge en face, à plus de dix lieues au-delà de Brigg, jusqu'au berceau de ce fleuve, dans les montagnes de la Fourche, et l'on gravit, à droite, les Alpes, pour les franchir au Simplon.

Avant la nouvelle route, la montée partait de Brigg. Les ingénieurs français qui l'ont tracée trouvèrent plus convenable de la faire commencer à Gliss. Sans vouloir censurer des travaux qui ont été généralement goûtés, on peut observer que l'avantage de passer par un lieu considérable et commerçant, n'a pas été assez calculé. Cet avantage n'eût pas été seulement celui des habitans de Brigg, mais encore celui des voyageurs, à qui il importe de rencontrer des lieux de ressource. La ville de Brigg, privée du passage de la grande route qui intéresse si essentiellement son commerce, a fait les frais d'un embranchement de communication, qui se trouve plus fréquenté que la direction donnée par les ingénieurs, malgré une pente plus rapide, qui n'est cependant pas excessive, puisqu'elle n'excède pas 6 pouces par toise. Il est à observer encore que le très-beau pont jeté sur le torrent de la Saltine, qui traverse la nouvelle montée, devient, au moyen du nouvel embranchement, une belle et somptueuse inutilité. On admire, en passant sur ce pont, la réunion de deux torrens en un seul, ce qui a été opéré en retenant l'un des deux par une digue, et le dirigeant dans l'autre par un aqueduc profondément creusé dans l'ardoise qui forme le noyau de la montagne, afin de n'avoir qu'un pont à faire au lieu de deux; mais on se fût dispensé d'en faire aucun, en passant par Brigg.

La pente toujours douce de la nouvelle route suit, par de longs contours, toutes les sinuosités de cette partie de la chaîne. Point de ces tournans rapides si communs dans les autres passages des Alpes, et très-peu de ces escarpemens extraordinaires qui, après avoir coûté des frais et des travaux immenses, menacent encore long-temps de leurs éboulemens, les routes pour lesquelles ils ont été faits. Dans les endroits peu nombreux où il s'est présenté des rochers à escarper, on a sagement préféré de les creuser en voûte. Il en est résulté, du côté du précipice, une espèce d'arcade buttante qui étaie le rocher, comme celles de nos cathédrales gothiques maintiennent l'aplomb des murs contre la poussée des voûtes. Avant de parvenir au sommet de la montagne, la route passe sous trois de ces arcades percées dans des rocs schisteux, qui cèdent sans peine sous le marteau, et dégénèrent trop souvent en roches feuilletées, qui n'offrent pas toujours la consistance désirable.

On parcourt le commencement de la première distance au milieu des jolies prairies qui dominent Brigg, et le reste au milieu des superbes bois de sapins et de mélèses qui les dominent elles-mêmes. La route, en tournant à droite, règne bientôt sur une gorge profondément évasée, dont quelques parties tapissées de prairies verdoyantes, ressemblent à des vergers, par les arbres nombreux qui les ombragent. Des blocs de rocher de toute grandeur et de toute forme, détachés des montagnes par les éboulemens, gisent épars au milieu de toute cette verdure.

Un torrent sauvage précipite ses ondes à travers ces masses inébranlables. Ces eaux, tantôt blanchissantes, tantôt bleuâtres, et toujours limpides, qui ne se montrent que furtivement aux regards du voyageur; ces prés dont elles reverdissent les gazons, ces rochers où elles se brisent, ces arbustes sous lesquels elles se dérobent, se joignent à la verte et sombre draperie des vastes forêts qui encadrent ce frais et joli tableau, pour produire avec les neiges éternelles, les hautes crêtes et les découpures inégales des sommités, un mélange de sensations à la fois douces et fortes, qu'aucune partie des Alpes, si j'en excepte la vallée de Chamouny, ne m'offrit jamais au même degré. C'est un des sujets les plus pittoresques que puisse rencontrer le pinceau d'un paysagiste. Cette vallée, ces prairies et ces forêts, appartiennent presque en entier à la famille Stokalberg, qui possédait une fonderie de fer sur le torrent, et une mine tout près, aussi abandonnées aujourd'hui l'une que l'autre.

On continue à s'élever par une superbe route, pendant plus de trois lieues, à compter de Brigg jusqu'à Ganter, où est un beau chalet appartenant à la même famille Stokalberg, et pendant deux, de Ganter au point le plus élevé du passage,

La végétation des sapins, devenue plus faible à mesure qu'on avance, cesse un quart de lieue avant ce sommet, et recommence un quart de lieue après. On n'en saurait conclure qu'ils ont atteint la borne de la hauteur où s'arrête cette végétation, car on en aperçoit, à une certaine distance sur la droite, qui s'élèvent plus haut que le sommet du col.

C'est sur ce col, nommé *le Plateau* dans le pays, qu'ont campé les Français et les Russes en 1799; les premiers du côté du Nord et les autres du côté du Midi. C'est sur ce même plateau que doit être aujourd'hui le nouvel hospice, si ce projet a reçu son exécution, et si cet établissement a été respecté par les armées, qui ont de nouveau franchi les Alpes dans ce passage. Une demi-lieue plus loin, à droite et au-dessous de la route, est un autre plateau, au milieu duquel s'élève isolément, en forme de tour gothique, l'ancien hospice appartenant au riche baron, propriétaire de cette partie des Alpes. C'est pour lui une maison de plaisance, où il vient passer tous les ans une partie de l'été. Elle n'a pour toute perspective que les glaciers et les rochers, pour tout embellissement qu'un petit jardin potager, où viennent, comme elles peuvent, quelques salades et quelques racines. Cet hospice est tenu par trois moines. Il doit y en avoir quinze dans celui qu'on projetait lors de mon dernier passage en 1810.

Le col du Simplon, dont le point culminant a été évalué à 1029 toises, est plus bas de 31 toises que celui du Mont-Cenis, évalué à 1060. Ce dernier est cependant bien moins neigeux, et bien plus rarement intercepté que celui du Simplon, qui ne paraît pas d'ailleurs plus sujet aux tourmentes.

Le noyau de cette partie de la chaîne centrale des Alpes, est un schiste micacé alternant avec des bancs de gneiss, de gypse et de calcaire primitif, qu'on assure renfermer des mines d'or. Un des ingénieurs qui ont ouvert la route, m'a dit avoir trouvé ce métal en assez grande abondance pour mériter d'être exploité, si les neiges qui le couvrent pendant les trois quarts de l'année ne s'y opposaient.

Nous avons franchi le col : il n'y a plus qu'à descendre pour gagner l'Italie, où va nous conduire le torrent que nous trouvons de ce côté. On ne voit plus, sur ce revers des Alpes, les beaux tapis de mélèses, dont la sauvage et sombre verdure nous dédommageait, sur le revers opposé, de l'absence de toute végétation. Que les savans ne s'épuisent pas en recherches géologiques sur cette différence; elle ne provient que de ce que les pentes se trouvant de ce côté plus rapides, sont par cette raison, plus dépouillées du sol végétal.

La haute gorge qu'on suit continue à présenter la même nudité jusqu'au Simplon, village de 40 à 50 feux, où l'on trouve une auberge passable. C'est une halte inévitable, soit pour dîner, soit pour coucher. C'est même, jusqu'à la construction des hospices, la journée d'hiver pour les voyageurs en poste, à partir de Brigg, et celle de toutes les saisons pour ceux qui voyagent avec les mêmes chevaux. En été on peut y dîner, et coucher à Domodossola, comme je l'ai fait.

Le village du Simplon est élevé de 759 toises au-dessus du niveau de la mer. Il fait encore partie du Valais, qui se prolonge à deux lieues au-delà. La limite eut été plus naturellement placée sur la crête même, au point du partage des eaux, et toute la pente septentrionale appartenant au Valais, toute la pente méridionale aurait dû appartenir à l'Italie. La nature n'a pas été consultée dans les délimitations. Les

Ir^e. ROUTE DE PARIS A MILAN.

mélèses reparaissent, mais clair-semés et sans vigueur, aux approches du Simplon. — *Parcouru depuis Paris* . . . . 192½ lieues.

---

§ 52. *Du Simplon à Iselle.* 3

La vallée se rétrécit, en s'approfondissant, à mesure qu'on avance. Le triste torrent qui nous accompagne depuis le plateau, ne présente d'abord, ainsi que la route, ni perspective, ni fraîcheur, ni accidens, ni travaux extraordinaires; mais grossi insensiblement d'une foule d'autres, il s'engouffre, après le pont de Frasinone, entre deux rochers de granit, d'une direction verticale, d'une élévation prodigieuse, et y roule de cascade en cascade, dans un horrible étranglement, où l'œil ne plonge qu'avec effroi. La première et la plus belle de ces cascades, nous a offert, d'une manière frappante, le phénomène de l'arc-en-ciel. Bientôt après s'offre un autre phénomène, si l'art a les siens comme la nature. C'est une longue galerie creusée, pour le passage de la route, dans le massif vertical de granit qui compose la montagne. Pour en éclairer l'obscurité, des ouvertures latérales ont été pratiquées, en guise de fenêtre, sur le torrent qui bondit à plus de 300 pieds de profondeur perpendiculaire. Les voyageurs sont naturellement curieux de le regarder à travers ces ouvertures ; mais c'est une curiosité dangereuse à satisfaire, parce qu'on est obligé de se placer pour bien voir, tout-à-fait au bord de l'abîme, en courant le risque de s'y précipiter. Ce phénomène de l'art, puisque nous l'avons ainsi nommé, se reproduit encore deux fois avant d'arriver à Iselle, misérable hameau où l'on a placé la douane avec le relais : c'est le premier village de l'Italie. On a passé la frontière une lieue auparavant ; elle est marquée par une madone, placée sur la droite de la route, à deux portées de fusil au-delà de Gondo, méchante auberge qu'on longe à gauche. A droite est une église paroissiale, dont l'isolement et la sauvage construction font un effet des plus extraordinaires, au fond de cette solitaire et horrible vallée ; les paroissiens sont répandus dans les gorges voisines.

Celle qu'on voit se déboucher en face, renferme une mine d'or appartenant à la famille Stokalberg, qui en néglige aujourd'hui l'exploitation, après en avoir extrait, au dire de quelques personnes, son immense fortune. (*)

(*) En quittant le Valais, nous devons un coup-d'œil général à cette contrée qui a été un département fran-

La route, suspendue presque partout en corniche sur le torrent, offre une continuité de travaux prodigieux et d'aspects effrayans.

Elle est sujette à un grand nombre d'avalanches, dont les dépôts l'obstrueraient, si l'on

---

çais, pendant quelques années. C'était auparavant, comme aujourd'hui, une république indépendante, mais alliée de la Suisse. Dans les dernières années qui précédèrent sa réunion à la France, elle se vit contrainte, par le même conquérant qui devait un peu plus tard lui ravir sa liberté, à la répartir également entre les deux provinces qui divisent son territoire. Ces deux provinces sont le haut et le bas Valais. La première, composée de sept grandes communautés appelées *Dixains*, formait seule la république proprement dite, et celle-là seule jouissait des bienfaits de l'indépendance. La seconde, composée de sept châtellenies, subissait le droit du plus fort et la loi du vainqueur, en reconnaissant la souveraineté du haut Valais, qui, après avoir complètement défait le bas Valais, l'an 1475, le traitait comme pays vaincu, en lui envoyant des gouverneurs.

Pour se concilier la partie opprimée de cette république, et lui faire voter la réunion du Valais à la France, qui flattait ses vues ambitieuses, Bonaparte profita de ses victoires pour faire jouir des mêmes droits le bas et le haut Valais. Quelque avantageuse que fût pour eux cette révolution, et quelques démarches qui aient été faites par le gouvernement français, les bas Valaisans ne voulurent point porter la reconnaissance jusqu'à demander la réunion de leur république à la république française,

ne se hâtait de les creuser de suite, pour y ouvrir un passage. Au mois de juillet, j'ai compté jusqu'à six de ces dépôts, au travers desquels j'ai passé, à la faveur des déblaiemens, entre deux murailles de neige, comme les Hé-

---

n'ambitionnant pas, me dit l'un d'entre eux, homme d'esprit et de jugement, les hautes et périlleuses destinées de la grande nation. Si cette réponse d'un des hommes qui m'ont fourni les meilleurs renseignemens sur le Valais, prouve que la civilisation n'est pas étrangère à tous les habitans, leur refus obstiné d'aller eux-mêmes au-devant des fers qu'on leur offrait, sous le titre de réunion, annonce un véritable esprit national et une fermeté de carractère que Bonaparte n'a rencontré ailleurs qu'en Espagne.

Enfin la république française ayant fait place à l'empire, le créateur de cet empire, aussi éphémère que la république qui l'avait précédé, après avoir inutilement continué la voie des insinuations et des intrigues, pour obtenir que le Valais demandât lui-même sa réunion, finit par l'opérer de sa pleine autorité, et la république du Valais devint le département du Simplon.

La restauration de la France, en 1814, entraîna celle du Valais, qui, rendu à son indépendance, est devenu un des 22 cantons composant aujourd'hui la Confédération Suisse. Sa constitution est purement démocratique; il est divisé en dixains, et gouverné par les Députés de ces dixains, qui forment un conseil présidé par le Grand-Bailli du Valais. L'ancienne suprématie du haut sur le bas Valais a totalement disparu.

breux au travers de la mer Rouge, entre deux remparts liquides. Outre ces avalanches de neige, j'en ai compté trois de terre ou de roc. Ainsi cette superbe route est toujours menacée, et serait bientôt détruite, sans une

---

Ce pays consiste en entier dans la vallée du Rhône, depuis sa source aux glaciers du Saint-Gothard, jusqu'à son embouchure dans le lac de Genève; mais depuis Saint-Maurice jusqu'à cette embouchure, il n'occupe plus que la rive gauche, la rive droite faisant partie du pays de Vaud. Il embrasse, avec cette vallée, dont la plus grande largeur n'atteint pas une lieue, tout le bassin du Rhône, qui forme une largeur de 10 à 12 lieues; c'est-à-dire, toutes les montagnes qui versent leurs eaux dans ce fleuve, depuis une crête jusqu'à l'autre. Celle du Sud, qui forme la chaîne centrale des Alpes, sépare le Valais du Milanais, et celle du Nord le sépare de l'état de Berne.

Cette vallée, dont la direction de l'Est à l'Ouest est parallèle à celle de la chaîne centrale, peut avoir 45 lieues de long, depuis Saint-Gengoux jusqu'aux glaciers où le Rhône prend sa source. La population du Valais est de 60,000 âmes. Nous avons déjà fait connaître le physique des Valaisans et une partie de leur moral, dont le caractère principal se compose de franchise et de bonté, de nonchalance et de malpropreté. Le penchant à l'ivrognerie est le défaut capital que leur reproche l'amant de Julie, et dont ils paraissent convenir eux-mêmes. Ce penchant tient aussi peut-être à leur inertie. Ils récoltent beaucoup de vin, et n'ont ni l'ambition d'ajouter à leurs ressources par l'exportation de l'excédent de cette den-

continuité de surveillance et de travaux. — *Parcouru depuis Paris* . . . . 195½ lieues.

§ 53. *D'Iselle à Domodosolla*. 5

Les montagnes, jusqu'ici presque verticales, commencent à se développer en plans inclinés, et en vastes amphithéâtres de verdure, sans cesser d'être extrêmement rapprochées par les bases. La végétation prend de la vigueur, les châtaigniers garnissent les pentes des deux côtés, et les noyers le fond de la vallée. Elle s'élargit

---

rée, ni le besoin de se procurer les richesses des autres pays, lorsqu'ils trouvent dans le leur les objets essentiels, le vin, le blé et les bestiaux ; ni l'industrie commerciale nécessaire pour opérer ces sortes d'échanges, fruits d'une civilisation plus avancée que la leur. Cette absence d'industrie et d'activité règne surtout dans la vallée même, et plus encore au-dessous qu'au-dessus de Sion ; car la vallée supérieure, ou le haut Valais, présente une population bien différente, sous tous les rapports, comme elle l'a prouvé, en imposant son joug à la vallée inférieure. Certes, ce joug n'avait rien de populaire : cependant le gouvernement du Valais était censé démocratique ; mais de tous les despotismes, il n'en est pas de plus dur et de plus injuste que celui du peuple. C'était une république de pâtres, dont une moitié tenait l'autre dans ses fers. Cette monstruosité politique est bien étrange sans doute; mais elle a son modèle dans les républiques anciennes.

tout-à-coup au village de Dovedro, où la nouvelle route ne passe plus, le laissant à quelques portées de fusil sur la gauche. C'est là que la vigne commence à se montrer. Elle s'y élève en treillages, et mariée aux arbres qui entourent ce frais hameau, elle produit un effet d'autant plus gracieux que les montagnes ne tardent pas à se rapprocher de nouveau, et n'offrent plus que d'arides escarpemens de granit.

Encore une corniche et une galerie éclairée par un jour latéral, avant de sortir de cette nouvelle gorge. On admire, en continuant à longer la rive gauche du torrent un pont très-hardi, d'une seule arche, destiné pour les cultivateurs, et bientôt après, un autre de deux arches, non moins pittoresque et plus hardi d'élévation, sur lequel la route franchit la Tosa.

On se croit enfin hors des Alpes, en voyant devant soi la vallée s'ouvrir en un large bassin, où s'en réunissent plusieurs autres, dont les débouchés forment autant d'échappées de vue délicieuses. On sent qu'on est déjà dans une des belles parties de l'Italie, en abordant ce joli bassin. Les collines qui l'entourent sont toutes couvertes de châtaigneraies, de bois de chêne et de vergers, au milieu desquels brillent une foule de maisons, d'une blancheur éclatante et de l'aspect le plus gracieux. Elles appartiennent la plupart à cette espèce de marchands forains qui parcourent nos villes et nos campagnes, en nous offrant, les uns des baromètres et des lunettes, les autres des figures de plâtre. Plusieurs font dans les grandes villes les métiers sédentaires de plâtriers, vitriers, fumistes, et quelques-uns le commerce des grains, qui les enrichit davantage et les dépayse moins. Parmi ces marchands et ces ouvriers il en est de très-riches, qui reviennent dans leurs foyers, consacrer une partie de leur gain à se bâtir les jolies maisons dont nous venons de parler, à l'instar de ceux de leurs compatriotes qui les ont précédés dans cette carrière de la fortune. C'est une gloire parmi eux de l'avoir faite ainsi, au bout d'un certain nombre d'années, et de la mettre de suite en évidence, au risque même de l'ébrécher en bâtissant. Plusieurs, soit pour la rétablir, soit pour l'augmenter encore, reprennent ensuite leurs occupations mercantiles, et retournent périodiquement passer quelques mois dans leur nouvelle retraite, jusqu'à ce qu'elle devienne leur dernier asile.

La ville de Domodossola, qu'on voit devant soi, au bout d'une belle avenue, d'une demi-

Iʳᵉ. ROUTE DE PARIS A MILAN.

lieue de long, est peuplée à peine de 5 à 600 habitans, et n'en est pas moins un chef-lieu de vice-préfecture, dans le département italien de l'Agogna. On remarque dans cette ville une assez belle place, et l'on y trouve une assez bonne auberge. — *Parcouru depuis Paris* . . .   lieues. $200\frac{1}{2}$

§ 54. *De Domodosolla à Vogogna* . . . . . $3\frac{1}{2}$

La belle vallée qui nous a conduits à Domodossola, se rétrécit après cette ville, en conservant toutefois encore une certaine largeur. Les montagnes reprennent leurs aspérités, leurs rochers et leur ton sauvage, sans perdre tout-à-fait leur verdure. On passe une seconde fois, vers les trois quarts de la distance, la Tosa grossie de quatre torrens qu'elle a reçus dans le bassin de Domo. Le bac qui sert à ce trajet, doit être remplacé par un pont. Vogogna est un bourg peu apparent, qui a néanmoins quelques riches habitans et quelque société. — *Parcouru depuis Paris* 204

§ 55. *De Vogogna à Baveno* 6

Même vallée fraîche, variée et pittoresque. On traverse encore, vers le tiers de la distance, la Tosa, dans un bac qui doit être également remplacé par un pont ; puis, vers le milieu, le village d'Ornavasso qui est un lieu de halte pour les voiturins, et vers la fin, celui de Fariolo, qui est au bord du Lac-Majeur, à un mille seulement de Baveno, village plus considérable, situé sur la même rive en face des îles Borrhomées. On peut s'y faire conduire, de l'un comme de l'autre de ces deux ports, pour trois francs, en moins d'une demi-heure, pourvu que le vent ne soit pas contraire, et pousser ensuite sa navigation jusqu'à Belgirate ; mais, pour cette seconde traversée, qui est beaucoup plus longue, il faut auparavant, si l'on est seul, comme je l'étais, s'être bien assuré de la moralité de ses bateliers, pour ne pas rencontrer des brigands semblables à ceux qui m'ont conduit. Heureusement que le plus ancien des trois n'a pas pu se déterminer au crime que lui proposaient les deux autres. Je frémis encore en songeant à la facilité qu'ils avaient de le commettre impunément, naviguant au large (je venais de Milan), assez loin des bords, pour ne pouvoir être ni vus, ni entendus, ayant au milieu d'eux un voyageur étranger, seul, sans armes, sans connaissance dans le pays, et ne pouvant pas craindre naturellement qu'il fût jamais réclamé, pouvant, dans tous les cas, prétendre qu'il s'était laissé tomber dans l'eau. Ils pensaient que je n'entendais pas leur langue : il ne s'agissait pas moins que de me faire capituler, en me menaçant de me jeter dans l'eau, si je ne donnais un prix plus fort que celui qui était convenu, et en prétextant le mal qu'ils avaient eu à embarquer ma voiture, l'un d'eux s'y étant blessé. *Et quand bien même nous l'enverrions visiter les poissons*, disait le plus jeune, *qui nous verrait ? qui nous entendrait ? Cela vaudrait beaucoup mieux que de le rançonner, parce qu'étant arrivé, il pourrait nous dénoncer.* Le patron, plus expérimenté, sentait les graves conséquences de cette proposition, et la repoussait. Ses deux camarades insistèrent en vain, il tint bon. Présent à cette conversation, à laquelle ils me croyaient étrangers (ils parlaient milanais), je n'avais d'autre ressource que de l'interrompre, en interrogeant en italien, d'un air indifférent, le patron, sur tout ce que je voyais; mais ma physionomie était altérée, ce qui fut remarqué par les deux scélérats, dont l'un dit à l'autre : *cangia di colore*, expressions à la fois italiennes et milanaises. C'était pour eux un motif de plus d'exécuter de suite leur complot, jugeant que je les avais entendus. La résistance de leur vieux camarade, et mes fréquentes interruptions, pendant que nous naviguions toujours, et que nous approchions de l'île, nous mirent bientôt à portée d'être vus et entendus; dèslors je fus hors de danger. En arrivant à l'Ile-belle (Isola-bella), je voulais les faire arrêter; mais cette île ne renferme aucune autorité, et qui plus est, comme elle est toute peuplée de pêcheurs et de mariniers, la force eût été pour eux. Je suivis donc le conseil du jardinier du château, en ne disant rien jusqu'à mon arrivée à Baveno, dont nous étions trop près pour que le danger pût se renouveller. Mais Baveno m'offrit à-peu-près les mêmes inconvéniens, et tout aussi peu de ressource. Je n'en fis pas moins éclater mon indignation, dès que je fus débarqué; les scélérats eurent la ressource de nier, en disant que j'avais mal entendu. Le patron, auquel je rendais pleine justice, ne voulut pas dénoncer ses camarades, et je partis sans donner d'autre suite à cette affaire.

Iles Boromées. Les îles Borrhomées, au nombre de trois, sont comptées parmi les objets les plus intéressans qu'offre l'Italie. Elles portent le nom de la noble famille milanaise qui en a la propriété; propriété doublement acquise, quant à la principale des trois, puisqu'elle l'a créée elle-même. La première qui se présente est la plus petite, et n'offre d'autre intérêt que d'être une colonie de pêcheurs, dont les cabanes pressées les unes contre les autres, forment un village qui couvre à-peu-près toute l'étendue de l'île. Elle n'est séparée que par un très-petit pertuis de l'*Isola-bella*, qui se présente sous un aspect bien différent, étant presqu'entièrement occupée par un vaste et magnifique château. Il s'élève au sommet d'un monticule artificiel, couvert de jardins, de parterres et de bosquets et formant quatorze terrasses toutes étagées les unes sur les autres. Elles sont supportées par des arcades, la plupart immenses, dont les matériaux ont été, comme ceux du palais qu'elles entourent, et comme le terrain qui les couvre, apportés du continent. Ces jardins, qui font l'admiration des voyageurs, sont remplis d'orangers et citronniers plantés en pleine terre, qui produisent des fruits en si grande quantité, qu'ils suffisent presque à la consommation de la ville de Milan. Ils sont de la plus belle espèce. On m'y a montré des cédrats aussi gros que des melons, et bien supérieurs à tout ce que j'avais vu sur les côtes de Provence et de Gênes. Des nattes de paille ou des barraques en planches artistement disposées, garantissent, en hiver, ces arbres frileux, des neiges et des gelées communes dans ce climat, et les maintiennent dans toute leur vigueur et toute leur beauté.

Mais de tous les arbres qui décorent cette île, ceux qui ont le plus excité mon étonnement sont les énormes lauriers dont elle est ombragée du côté du levant. Je n'ai vu nulle autre part rien de pareil, rien d'approchant. Le laurier partout ailleurs est un arbuste : ici c'est un arbre de haute futaie. Il y en a que deux hommes ont de la peine à embrasser. On en montre deux surtout, qu'on croit vieux de plus de 400 ans; ce sont sans doute les plus grands lauriers qui soient dans l'univers. Ils bravent toute la rigueur du climat, car les nattes de paille sous lesquelles les jeunes lauriers passent leurs hivers, ne sauraient être placées à cette immense hauteur. Le jardinier, complimenteur comme un Italien, voyant Buonaparte admirer ces beaux arbres, lui dit, que ce ne serait pas assez du plus grand de ces lauriers pour sa couronne : on sent que c'était au temps de ses victoires.

Cette île, nommée à juste titre *Isola-bella*, est d'un genre de beauté qui tient du prodige.

C'est une merveille de l'art et de la nature en même-temps, une véritable île enchantée. Ses bosquets ne peuvent être comparés qu'à ceux d'Idalie; ses jardins qu'à celui des Hespérides; son palais qu'à celui d'Armide. Il est enrichi de peintures; mais pour en sentir toute la beauté, il faudrait n'avoir pas épuisé déjà son admiration dans les jardins qu'on vient de parcourir. Les étrangers qui pourront s'oublier dans ce séjour de délices, trouveront, au couchant de l'île, une auberge où rien ne manque, pourvu qu'ils soient habitués aux lits et à la cuisine de l'Italie. Du même côté sont quelques cabanes de pêcheurs. Tout le reste est occupé par le palais et les jardins.

L'Isola-madre beaucoup plus avancée dans le lac, que l'Isola-bella, dont elle est, par cette raison, assez éloignée, offre un tout autre genre d'attrait. Celle-ci n'est pas un prodige de l'art; elle paraît appartenir entièrement à la nature, qui s'y montre partout aussi fraîche que parfumée. Ses bocages, ses prairies et ses vergers rappellent à chaque pas les îles de Cythère et de Calypso. Les faisans y vivent en troupeaux et en liberté. L'éloignement de la terre ferme ne leur permet pas de fuir : ils ont l'île pour prison; mais cette prison est pour eux ce qu'était le jardin d'Eden pour le premier homme, leur paradis terrestre. S'ils sont troublés dans leur retraite, parmi les touffes de gazons de fleurs et d'arbustes qui leur servent d'asile, ils s'envolent dans une autre partie de l'île, dans une autre prairie, un autre verger, un autre bosquet. La maison répond à ce charmant entourage : ce n'est pas un château, c'est un simple asile champêtre, tout au plus une maison de plaisance. Elle occupe avec son parc toute l'étendue de l'île qui n'a guères qu'un tiers de lieue de tour. *L'Isolabella* n'a pas plus de 200 à 300 toises.

Le lecteur me pardonnera sans doute de l'avoir arrêté un peu de temps aux îles Borrhomées, que j'aime à nommer les *îles fortunées :* je trouverai rarement à le faire relâcher d'une manière aussi agréable. — *Parcouru depuis Paris*. 210 lieues.

§ 56. *De Baveno à Belgirate* 3

Si les voyageurs qui se font conduire de Fariolo ou de Baveno aux îles Borrhomées sont en poste, ils feront bien de ne pas embarquer leur voiture, et de l'aller reprendre où ils l'ont laissée, pour jouir des sites qu'offre la rive occidentale du lac ; ils le cotoieront par une terrasse charmante, qui ne s'en éloigne quelquefois que pour faire place à des vergers garnis de treillages. Cette verte draperie s'étend aussi sur les collines, où elle s'entremêle aux bois de châtaigniers dont elles sont parsemées, et souvent elle est étagée en amphithéâtre, comme les collines même, de manière que chaque gradin forme une allée ou un berceau. C'est un superbe rideau de verdure, qui, varié par ses propres nuances, et plus encore par les formes sinueuses des coteaux et des montagnes, s'étend sur toutes les pentes, et jusque dans les ravins.

Les forêts prédominent sur les collines moins riantes et non moins pittoresques de la rive opposée. C'est une verdure plus sauvage, mais aussi plus vigoureuse. Derrière s'en élèvent d'autres plus hautes et plus boisées, qui couronnent la perspective. Elles se prolongent, toujours avec les mêmes aspects, vers la naissance du lac, dans la Suisse italienne. On le perd de vue, entre cette chaîne et celle de l'autre rive, qui paraissent se rapprocher considérablement. Il occupe ici, par sa largeur d'environ 7 à 8 milles, toute celle du bassin formé par les deux chaînes.

S'il laisse parfois quelques intervalles entre ses rives et le pied des collines, c'est pour faire place aux plus riantes cultures. Sa longueur est d'environ 50 milles, dont nous ne voyons qu'un tiers, en le côtoyant depuis Baveno. Tout le reste est au Nord et caché par les montagnes. Il produit les mêmes poissons que les autres lacs des Alpes. On y pêche également de belles truites, dont quelques-unes pèsent de 40 à 50 livres.

Belgirate est un bourg et un petit port : on y trouve à la poste une assez belle auberge. C'est là que je m'étais embarqué pour les îles Borrhomées avec les honnêtes bateliers dont j'ai parlé plus haut. Ce n'était que pour le plaisir de revoir ces îles, car je les avais déjà visitées auparavant, et beaucoup mieux examinées que je ne le fis alors. — *Parcouru* lieues. *depuis Paris*. 213

§ 57. *De Belgirate à Cesto-Calende*. 4½

Même nature de route, toujours entre le lac et les coteaux qui le bordent. Elle longe de temps en temps de jolis jardins, plantés, comme ceux de l'Isola-bella, de citronniers et d'orangers : on se croirait, non sur les bords du Lac-Majeur, mais sur les côtes de la mer de Gènes. La beauté des paysages, la richesse du sol, la variété des sites, semblent croître à mesure qu'on avance.

Bientôt, sur une hauteur qui se présente en face, le colosse d'Arone fixe les regards. Au premier coup-d'œil on ne s'étonne point, on croit voir une tour; mais la surprise n'en devient que plus grande, lorsqu'en approchant on reconnaît que cette tour a les formes humaines, en un mot que c'est une statue.

Cette figure en pied et en bronze, représente saint Charles Borrhomée. C'est le chef-d'œuvre de Zanella et de Falconi, et sans contredit l'une des merveilles de l'Italie. Cependant les auteurs de l'*Itinéraire italien*, imprimé annuellement à Florence, et d'un prétendu *Itinéraire français*, copié sur celui-là, n'en parlent point. Cela n'a rien d'étonnant de la part de ces spéculateurs de librairie, accoutumés à faire leurs voyages dans leur boutique, et à vendre au public leurs erreurs le plus cher qu'ils peuvent; mais que l'auteur d'un petit ouvrage intitulé: *Route de Genève à Milan*, qui n'a point fait son voyage dans le cabinet, ait pu le passer également sous silence, l'ayant eu devant les yeux, pendant une partie de cette distance, c'est ce qui doit paraître inconcevable. M. Amoretti, qui, dans son voyage aux trois lacs, parle de ce gigantesque monument avec tout l'intérêt qu'il inspire, en fixe la hauteur à 66 pieds, sans compter un piédestal de granit qu'il dit en avoir 46 ; mais qui n'en a réellement que 33 ; mesure qui forme le tiers de la hauteur totale, estimée par les gens du pays à 36 brasses pour la statue, à 18 pour le piédestal : en tout 54 brasses.

On s'introduit dans le corps par une ouverture étroite qui est difficile à découvrir, ayant été ménagée avec art dans un des plis de la draperie. On monte par de petites marches intérieures jusqu'à la tête. Elle peut tenir 8 personnes, dont une est obligée de s'asseoir dans la cavité du nez.

Cette statue fut érigée en 1697 aux dépens des habitans riverains du lac et d'autres particuliers, notamment de la famille Borrhomée. Arone est une petite ville de 3000 habitans, assez bien bâtie et fort commerçante par ses marchés et son port sur le lac. La famille Borrhomée y possède un palais qui est bien loin de valoir celui de l'Isola-bella. Le pays abonde en vins, châtaignes, maïs et fruits de toute espèce. En face, sur l'autre rive, s'élève un monticule au sommet duquel est situé, d'une manière tout-à-fait pittoresque, la petite ville, et au-dessus de la ville, le gothique château d'Angera.

La campagne se détériore vers l'extrémité du lac, où elle se couvre de taillis et de bruyères. En traversant le Tesin, presqu'à sa sortie de ce grand réservoir, on passe du département italien de l'Agogna dans celui de l'Olona. J'ai vainement cherché le point où cesse le lac et commence le Tesin. Je n'ai pu saisir la séparation, parce que cette rivière ne se caractérise point comme le Rhône au sortir du Léman par sa rapidité : le Rhône sort en torrent et le Tesin en fleuve ; celui-là avec impétuosité, celui-ci avec majesté. On peut dire que c'est le lac qui, en se rétrécissant toujours, se change insensiblement en rivière. Au sortir du bac, on arrive à Cesto, petite ville de 1500 habitans, avec un petit port sur le lac, et un petit chantier de construction. — *Parcouru depuis Paris* 217½

lieues.

§ 58. *De Cesto à la Cassina di Buon-Jesu.* 6
§ 59. *De la Cassina à Rho* 4½
§ 60. *De Rho à Milan* 3½

On est hors des Alpes depuis qu'on a gagné les bords du lac, et dès qu'on atteint son extrémité méridionale, on est dans les campagnes de l'Italie. La route s'engage dans des collines peu intéressantes pour l'étranger qui vient d'admirer celles du Lac-Majeur. Elle traverse, au tiers de la distance, le gros bourg de Somma, où l'on remarque un fort beau palais, et dans le parc, un énorme cyprès, dont la tige a 18 pieds de circonférence. Les collines passées, on est dans les plaines de la Lombardie, où l'on trouve la ville de Gallarate, qu'on prendrait pour un autre bourg, sans la longueur de la traversée. Elle a une vice-préfecture du département de l'Olona, un commerce considérable qui tient à ses marchés, et de belles femmes qui m'ont paru d'autant plus remarquables, que ce sexe ne m'avait montré jusque-là qu'une laideur repoussante, des visages pâles et maigres et des goîtres ; car cette difformité, que nous avons remarquée dans le Valais, se reproduit au-delà des Alpes, quoiqu'avec moins d'intensité. Comme pour présenter ce sexe sous un aspect plus repoussant, les vieilles femmes qui, partout ailleurs, s'attachent à cacher leur chevelure, semblent, dans le Milanais, se complaire à la montrer, en allant tête nue, et livrant aux zéphirs leur blanche crinière, tantôt flottante et tantôt relevée en chignon. Un Français, accoutumé à ne voir se montrer ainsi au grand jour que les chevelures blondes, brunes ou châtaines, ne peut se faire à ces toupets gris, à ces chignons blancs. Je parle toujours des femmes du commun; car je n'en ai vu que de cette classe offrir un pareil spectacle, dont on ne peut jouir en France qu'autant qu'on assiste au combat de quelques vieilles femmes du peuple, dont le premier choc consiste ordinairement à se décoiffer. Qu'on ajoute à cela des visages ordinairement hideux de traits comme de teint, même chez les jeunes personnes, presque toujours défigurées par le hâle et la maigreur, et qu'on juge si le beau sexe d'Italie s'est présenté en beau à nos premiers regards. Mon compagnon de voyage ne connaissait les belles Milanaises que par leur réputation, et ces premiers échantillons ne répondaient pas à son attente. Des chignons lardés d'une douzaine de grosses épingles, dont les têtes d'argent ressemblent à des cocons de vers à soie ou à des œufs de pigeon, sont des ornemens moins propres à embellir les têtes qui les portent, qu'à faire rire les personnes qui les voient pour la première fois.

Les beautés nombreuses que nous avons vues à Gallarate, ont agréablement délassé nos regards du continuel aspect de la laideur. Cette ville nous a satisfaits aussi par ses rues propres et bien percées, par ses maisons blanches et bien bâties. La plaine elle-même, comme par une heureuse harmonie, semble devenir plus belle que jamais; mais cette apparence est trompeuse : le territoire de Gallarate, renommé par ses bruyères et son infertilité, n'est cultivé qu'autour de la ville et le long de la route, à force de soins et d'engrais. On parcourt, au milieu de cette stérile plaine, environ deux lieues, sans rencontrer aucune habitation, et l'on relaie ou l'on rafraîchit, suivant qu'on est conduit par la poste ou par des voituriers, à l'auberge isolée de *la Cassina di Buon-Jesu*. Elle est placée au bord de la route, à peu de distance des deux bourgs de Busto-Arsiccio et d'Olgiate-Olona, situés, le premier à droite, le second à gauche, sur la petite rivière d'Olona, qui donne son nom au département. Nous allons la traverser à la Castellanza, village après lequel on trouve encore ceux de Legnarello, san Vittore et san Lorenzo, avant d'arriver au bourg de Ro, remarquable par sa belle église de la Mission. Elle est bâtie dans un goût noble, mais sans luxe. On y admire intérieurement de belles orgues enchassées dans des colonnades dorées, ainsi que quelques bons tableaux du Procaccino, et autres grands peintres d'Italie. Comme elle est

Iʳᵉ. ROUTE DE PARIS A MILAN.

au bord de la route, les curieux, pour la voir, n'ont que la peine de descendre, soit de leur cheval, soit de leur voiture. Celle de Garegnano en est à quelques portées de fusil sur la droite, vers les deux tiers de la dernière distance. Les amateurs seront dédommagés de la petite course à pied qu'ils auront à faire, par les belles peintures à fresque de Daniel Crespi, entre lesquelles on distingue le miracle du Lazare ressuscité. Près de là, les admirateurs du chantre de Laure pourront voir avec intérêt le hameau d'Inverna, qu'habita quelque temps ce célèbre poète.

La plaine s'incline vers Milan, couverte de toutes les espèces de végétation, embellie de toutes les nuances de verdure, rafraîchie par tous les genres d'ombrage, et par une multitude de canaux d'arrosement. Ce sont des champs de maïs, des prés, des treillages, des vergers, des haies vives, beaucoup trop souvent de marécageux champs de riz, et partout la plus vigoureuse fécondité. Cette vigueur ne s'étend point cependant aux arbres : ils sont très-multipliés; mais on est étonné de les voir presque tous petits et comme rabougris. Il est certain qu'ils n'atteignent dans cette plaine, ni la hauteur ni la grosseur que nous avons admirée ailleurs, notamment aux environs de Genève.

J'ai fait la même observation dans toutes les plaines du Milanais, et quoique je ne la trouve dans aucun autre voyageur, je la soumets, sans crainte d'être démenti, à ceux qui me liront en présence des objets. Comme moi, ils s'étonneront sans doute que les arbres viennent aussi mal, dans un sol aussi fertile, et quelqu'un d'entr'eux peut-être nous expliquera la cause de ce phénomène agronomique. Cette circonstance n'empêche pas qu'on n'arrive à Milan par une des plus agréables et des plus fertiles plaines de la Lombardie, entre de riches moissons à droite et de belles prairies à gauche. — *Parcouru depuis Paris jusqu'à Milan* (1) . . . .

lieues.
234

---

(1) Cette route, qui traverse actuellement cinq Etats, la France, le pays de Genève, la Savoie, le Valais et le Milanais, n'en traversait que trois la première fois que je l'ai parcourue, la république de Genève et le duché de Savoie étant alors des départemens français. Les distances postières sont par conséquent toutes calculées en lieues françaises jusqu'au Valais, où je les fis établir de même, à cette époque, étant chargé d'organiser une ligne de poste de Genève à Milan par le Simplon, dont l'ouverture venait d'être achevée. D'accord avec le Grand-Bailli, chef de la république valaisane, et avec le résident français, je proposai de fixer les distances dans cette vallée suisse sur le même pied qu'en France. Cette fixation fut approuvée par le ministère

des finances ; mais les distances furent favorisées au-delà des bornes que j'avais voulu poser, et elles ont été maintenues sur le même pied, depuis que la république du Valais a été rendue à elle-même.

Quant aux distances du royaume d'Italie, comme les postes italiennes équivalent à trois lieues de France, je les ai déterminées ainsi, afin de mettre toutes les lieues sur le même pied, et de ne réunir ensemble que des distances identiques.

FIN DE LA 1re. ROUTE DE PARIS A MILAN.

DEUXIÈME ROUTE
DE PARIS A MILAN,
Par Lyon, le Mont-Cenis et Turin.
251 lieues.

Depuis Paris jusqu'à Turin. (V. 2ᵉ. route par le Mont-Cenis.)

lieues.

64 paragraphes................ 213

(2ᵉ. route par le Mont-Genève, 204 lieues½.)

§ 65. *De Turin à Settimo-Vittone* 3
§ 66. *De Settimo à Chivasso.* 3

Plaine vaste, fraîche et riante; route large, plate et commode, toujours dirigée le long de la rive gauche du Pô, dont le voyageur est séparé par des haies vives, qui lui en dérobent la vue. Il traverse, sur un pont de pierre, la Doire (*Dora-grossa*), au sortir de Turin, et sur un beau pont de bois, vers le milieu de la distance, la *Stura*, deux rivières qu'il ne faut pas confondre avec celles qui ont donné leurs noms à deux départemens dans le Piémont. Les deux routes qu'on laisse à gauche, l'une après le pont de la Dora, l'autre après celui de la Stura, conduisent, la première à la maison royale de la Vénerie, la seconde à la ville d'Ivrée.

IIᵉ. ROUTE DE PARIS A MILAN.

Settimo est un grand et beau village d'environ 2000 habitans, et Chivasso une petite ville de 3000, qui comptent pour 5000, en y comprenant le territoire. C'est le siége d'une sous-préfecture et d'un tribunal d'arrondissement. C'était, avant la révolution, une des places fortes du Piémont. On y laisse à gauche un chemin qui mène à Yvrée, par Caluso et Strambino. Entre Settimo et Chivasso, on a traversé, sur deux ponts-volans, le Malone et l'Orco, l'un vers le milieu, l'autre vers la fin de cette distance. Ces deux torrens qui, dans l'état actuel, arrêtent souvent les courriers, auront peut-être obtenu un aussi beau pont que la Stura, depuis mon dernier passage en 1810. Le lecteur judicieux ne saurait voir, dans de pareils changemens, qu'un inconvénient inévitable pour tout auteur qui fait son premier devoir de la vérité ; mais qui ne peut, en décrivant le présent, répondre de l'avenir, en ce qui dépend surtout de la volonté des hommes. (1)

— *Parcouru depuis Paris*. . . . . lieues. 219

---

(1) Cette route, jusqu'à Chivasso, faisant partie aussi de celle de Turin à Alexandrie par Casal, nous avons jugé à propos de la répéter sur les deux volumes, afin de ne pas renvoyer nos lecteurs de l'un à l'autre, pour deux pages. Si l'on remarque dans celui-ci quelques changemens, ce sont des corrections.

§ 67. *De Chivasso à Rondizone.* . . . . lieues.

2

Même plaine : on laisse à droite en partant la route de Casal, et à gauche celle d'Ivrée. Rondizone est un grand village de 2500 habitans, au-delà duquel on traverse, sur un pont-volant, la Doire du val d'Aoste (*Dora-baltea*), dans un petit vallon qu'elle s'est creusé ; bien différente en cela des autres torrens de cette partie du Piémont, dont les lits caillouteux sont toujours au niveau de la plaine, où leurs eaux vagabondes se répandent à la moindre inondation. — *Parcouru depuis Paris* 221

§ 68. *De Rondizone à Cigliano.* 2½
§ 69. *De Cigliano à Saint-Germain* 5
§ 70. *De Saint-Germain à Verceil* 3½

Même plaine, toujours unie et plus fertile qu'intéressante. Cigliano est un bourg peu considérable, où l'on laisse à gauche une ancienne et fausse route d'Ivrée, qui, toujours indiquée sur la carte postière comme communication, n'est pas même une route de traverse.

Saint-Germain est un village à peu de distance duquel commencent les fameuses rizières du Piémont, reléguées toutes, comme on sait, dans le fertile département de la Sesia. Elles y sont tellement en vigueur, que d'après les calculs statistiques, on y récolte annuellement 152,000 hectolitres de riz, et seulement 93,000 de froment. L'ancien gouvernement ayant circonscrit au seul territoire de Verceil, une culture aussi pernicieuse à la santé, cette ville a cru devoir, pour sa salubrité, l'éloigner de ses murs jusqu'à une lieue de distance.

Agréable par sa situation au milieu d'une belle plaine, Verceil n'a rien de remarquable d'ailleurs, si l'on en excepte ses promenades, les plus belles du Piémont, après celles de Turin : ce sont des allées plantées autour de la ville, en forme de boulevard.

On y voit peu de beaux palais : un seul mérite l'attention des voyageurs, celui de la préfecture, ancien couvent qui se fait remarquer par une fort belle façade. Quant à celui du gouvernement, fort prôné par les géographes, il mérite à peine un regard. L'hôpital, également trop vanté, n'est beau qu'intérieurement; son excellente tenue est un mérite particulier qui n'a rien de commun avec l'édifice. J'y ai vu un muséum d'histoire naturelle, dont une grande partie est consacrée à la botanique. L'église cathédrale est un édifice moderne, dont le portique a un air de grandeur. A ce portique près, qui l'annonce et la décore fort bien, sans être cependant au niveau du pompeux éloge qu'on en fait, elle n'est belle que dans son intérieur, où l'on remarque des colonnes, les unes en marbre, les autres en stuc, imitant le marbre à s'y tromper, et deux jolies chapelles dédiées, l'une au bienheureux Amédée de Savoie, mort au château de Verceil, l'autre à saint Eusèbe, patron de l'église. On y montre un évangile manuscrit, qu'on croit écrit de la main même de saint Eusèbe. Il est couvert de lames d'argent, données, dit-on, à cette église, dans le 9e. siècle, par Béranger Ier, roi d'Italie.

Le population de Verceil d'environ 14,000 âmes est une de celles qui ont été le moins enflées dans le Piémont, où elles le sont généralement beaucoup. Les géographes ne la portent que de 15 à 16,000, et la plus grande exagération ne l'élève pas au-dessus de 18,000.

L'objet principal du commerce de cette ville est le riz que produit son territoire. Cultivée, comme on l'a dit, à deux milles de distance, cette plante orientale et aquatique enrichit les campagnes, qu'elle dépeuple en mêmetemps, et par la nécessité où sont les cultivateurs de travailler dans l'eau, et par l'insalubrité de l'air que produit cette eau stagnante.

La *Sesia*, qui sépare le Piémont du Milanais à quelques portées de fusil de cette ville, ne lui est d'aucun avantage, n'étant point navigable, et lui est quelquefois funeste par ses débordemens. — *Parcouru depuis Paris* . . . 232 lieues.

§ 71. *De Verceil à Orfingo* 3
§ 72. *D'Orfingo à Novarre* 3

On passe sur un pont-volant, à un quart de lieue de Verceil, la rivière de la Sesia, que ses fréquens débordemens et la rapidité de son cours rendent souvent difficile à traverser. On devait y construire un pont lors de mon dernier passage, d'après un décret du gouvernement d'alors. Une demi-lieue après, on trouve *Borgo-Vercelli*, village presqu'entièrement peuplé d'employés au bureau des douanes.

La route traverse une plaine continue et assez fertile. Orfingo, où se trouve le relais, est un bourg de 1500 habitans, dont la principale ressource est la culture du riz. La plaine est parsemée de quelques maisons de campagne, depuis ce bourg jusqu'à Novarre, ville de 10,000 habitans, située non loin de la petite rivière de l'Agogna, qui a donné son nom au

département. La ville de Novarre en est le chef-lieu, et l'était auparavant de la province du Novarrais : elle conserve encore d'anciennes familles lombardes. Assez bien bâtie et assez bien percée, quoique les rues en soient généralement étroites, elle renferme, avec la préfecture, un évêché, une salle de spectacle, des casernes de cavalerie, une assez grande place d'armes, une jolie promenade, et de médiocres auberges. lieues.
— *Parcouru depuis Paris.* 238

§ 73. *De Novarre à Buffalora.* 6
La route est assez bien entretenue jusqu'aux approches du Tésin qui se divise en deux bras. On les passe l'un et l'autre sur des ponts de bateaux, et une lieue après on arrive à Buffalora, bourg peuplé de 2000 habitans. Il est situé en amphithéâtre sur une colline, et domine la plaine qu'on vient de parcourir. Il communique avec Milan par un canal qui sert à la navigation des coches d'eau et à l'approvisionnement de cette capitale. Buffalora a des auberges passables, dont la principale est celle de la poste. — *Parcouru depuis Paris* 244

IIᵉ. ROUTE DE PARIS A MILAN.

	lieues.
§ 74. *De Buffalora à Sedriano*	3
§ 75. *De Sedriano à Milan.*	$4\frac{1}{2}$

Après la côte qu'on gravit dans l'intérieur de Buffalora, la route est très-plate, mais monotone jusqu'à Sedriano, village de peu de ressource, après lequel elle devient magnifique. Elle est bordée de haies vives bien entretenues, et entrecoupée de villages remplis de maisons de campagne, qui, avec les immenses prairies dont elles sont entourées, offrent des points de vue charmans, et font pressentir le voisinage de la capitale de la Lombardie. — *Parcouru depuis Paris jusqu'à Milan, par la* 2ᵉ. *route.* (1) . . . $251\frac{1}{2}$

Si cette seconde route ne nous a pas offert l'intérêt de la première, c'est que, ne partant que de Turin, elle est toute entière dans la plaine du Piémont et de la Lombardie, généralement aussi monotone que riche, à l'exception des approches de Milan. La monotonie est un inconvénient attaché plus ou moins à toutes

---

(1) Pour n'additionner ensemble que des distances identiques, sur cette seconde route comme sur la première, nous avons porté à 3 lieues toutes les postes italiennes, plus fortes d'un tiers que celles de France.

les plaines, et celles de l'Italie n'en sont pas exemptes.

Les personnes qui suivront cette direction, auront reçu d'avance leur dédommagement, en parcourant la curieuse route de Lyon à Turin, surtout s'ils se sont munis du volume où elle est décrite. Ils auront dû se munir également de celui qui est consacré à la route de Paris à Lyon, s'ils sont partis de la capitale de la France, et ils n'auront pas trouvé, je pense, moins de variété ni d'intérêt en deçà qu'en delà des monts.

FIN DE LA 2e. ROUTE DE PARIS A MILAN.

TROISIÈME ROUTE
DE PARIS A MILAN,
Par Genève, Annecy, le Petit Saint-Bernard et Aoste.

211 lieues.

Depuis Paris jusqu'à Genève. (V. 1re. route par Dijon.)

	lieues.
36 paragraphes	125

(2e. route par Mâcon et Bourg, 139 lieues.)

| § 37. *De Genève à Cruzeille* . . . . | 5½ |
| § 38. *De Cruzeille à Annecy* . . . . | 4 |

APRÈS avoir franchi les ponts-levis de la Porte-Neuve, et longé à droite la promenade de Plein-Palais, on traverse, au bout d'un quart de lieue, sur un pont de bois, la rivière d'Arve, qui court grossir et troubler de ses eaux toujours noires, les eaux toujours limpides du Rhône. Au-delà du pont, on se trouve dans la jolie ville de Carouge, bâtie, dans le dernier siècle, par le duc de Savoie, pour opposer une rivale à Genève. Elle est réunie aujourd'hui à cette ville par le dernier traité de Paris. (*V. route de Paris à Genève, p.* 173.) Cette voisine de

Genève, qui devait en être la rivale, paraît en être le faubourg : on est du moins porté à le croire ainsi, quand on y arrive de ce côté, et ce n'est pas sans surprise qu'on voit, en sortant de Carouge, la ville de Genève éloignée encore de plus d'un quart de lieue. Des rues larges, longues et droites, bordées de maisons neuves, qui n'ont été élevées qu'à un seul étage, sont toute la magnificence à laquelle est parvenue le gouvernement fondateur de Carouge.

C'est le commencement d'une jolie ville, que la révolution empêcha de continuer, ce qui la réduisit à n'être qu'un grand bourg; mais ce bourg est peut-être le plus beau de France. Il est peuplé de 3000 habitans, colonie d'aventuriers, disent les Genevois, en fondant cette opinion sur ce que tous les faillis, juifs, vagabonds et filles publiques qu'ils chassent de leurs murs, trouvent un asile à Carouge, et sur ce que, comme toutes les villes au berceau, celle-ci s'est peuplée de gens sans aveu, parmi lesquels toutefois se sont mêlés, comme on le pense bien, beaucoup d'hommes sans reproche.

Passé Carouge, on laisse à droite la route directe de Genève à Chambery, et au bout d'une demi-lieue parcourue dans la plaine de Genève, on commence à gravir les hauteurs qui séparent ce bassin de celui d'Annecy. M. de Saussure ayant décrit cette route jusqu'à Annecy, nous allons nous dispenser de la décrire nous-mêmes, et suivre un moment les traces de ce savant, en profitant de ses observations, pour tout ce qui peut intéresser les voyageurs.

» Jusqu'au Chable, dit-il, hameau où était jadis la première poste, on cotoie le Mont-Salève, et l'on voyage sur le fond de notre vallée, qui là, comme partout ailleurs, est couverte de sable, d'argile et de cailloux roulés.

« Un peu au-delà du Chable, on commence à monter le mont de Sion. Nous mîmes 40 minutes à monter au plus haut point du passage. M. Pictet observa là le baromètre, et il en résulta une élévation de 212 toises au-dessus de notre lac, ou de 404 au-dessus de la mer. On trouve sur le haut de cette colline un grand nombre de blocs de granit étranger à cette montagne, aussi bien que le sable et les cailloux roulés qui les accompagnent. Ils ont été transportés là par la grande débâcle, et comme on les voit beaucoup plus abondans du côté du Sud-Ouest, c'est une preuve que le courant venait du Nord-Est, comme tout concourt à l'établir. (1)

» On a, du haut de cette colline, une très-belle vue du lac et de son bassin. Un peu au-dessous de la cime, après qu'on a passé le village de Saint-Blaise, on découvre, du côté du Sud-Ouest, une vue fort différente ; de grandes plaines ondoyantes, le mont du Vouache, et d'autres montagnes de la Savoie et du Bugey. On traverse ensuite une première bifurcation du Salève, par une gorge que domine le château de Cruzeille, situé sur un roc isolé, escarpé, composé d'assises calcaires et horizontales.

» On voit, sur les flancs de ce roc, du côté de la grande route, plusieurs vestiges indubitables de l'action des eaux qui ont creusé cette gorge ; des sillons profonds et arrondis, et des trous circulaires parfaitement semblables à ceux qu'on voit sur les bords d'un fleuve rapide, serré entre deux rochers.

» Deux observations du baromètre m'ont donné, pour le village de Cruzeille, 216 toises au-dessus du lac de Genève, et 408 au-dessus

---

(1) Ce passage initie les lecteurs qui ne connaissent pas les ouvrages de M. de Saussure, dans le système géologique de ce physicien.

de la mer. On fait ensuite la descente rapide, qui porte le nom de la Caille, au bas de laquelle le torrent des Usses s'est creusé un lit profond entre des rochers calcaires, dont les bancs sont horizontaux. On passe ce torrent; puis, par une pente très-rapide, on remonte au village de la Caille.

» De là on descend toujours sur des grès tendres, inclinés contre la pente de la montagne. On passe sur le pont de Brogny, un torrent, *le Fier*, qui s'est creusé un lit très-profond, entre des assises horizontales d'un grès tendre. De ce pont, on vient dans une petite demi-heure, et presque toujours en plaine, à Annecy. Cette petite ville, résidence des successeurs des évêques de Genève, est agréablement située au bord du lac du même nom.

» Ce lac a environ quatre lieues de longueur, sur une lieue dans sa plus grande largeur. Sa direction générale est du Nord au Sud. Il est de tous côtés entouré de hautes montagnes, excepté du côté d'Annecy. Là se terminent celles qui sont liées avec la chaîne des Alpes, et commencent les collines détachées. Toutes ces montagnes sont calcaires. A-peu-près au milieu de la longueur du lac, est une île jointe au continent par une chaussée. Cette île porte le nom de *Châteauvieux*. Elle est assez grande pour contenir un château, des jardins et de beaux vergers. C'est une situation tout-à-fait romantique ; ses points de vue variés sur l'eau pure et profonde de ce petit lac, et sur les montagnes escarpées qui l'entourent, ont tous quelque chose de mélancolique et même de sauvage, mais qui intéresse et attache.

» La hauteur du lac d'Annecy, en prenant une moyenne entre les observations de M. Pictet et les miennes, est de 35 toises au-dessus de celui de Genève, ou de 228 au-dessus de la mer. » (*Voyage dans les Alpes, tome* 3, *ch.* 1.)

Nous ne suivrons pas plus loin M. de Saussure, crainte de nous égarer avec lui dans le labyrinthe de la science, qui n'est pas le principal objet de notre ouvrage, comme du sien.

Il avait dans un précédent voyage, mesuré la profondeur du lac, et l'avait déterminée à 180 pieds, dans la partie où il trouva le plus d'eau. A ce qu'il dit de ce lac pour les savans, nous croyons devoir ajouter pour les voyageurs, 1º qu'on y pêche le même genre de poisson que dans celui de Genève ; mais que les truites n'y sont pas aussi grosses, comme si la grandeur de ce poisson devait être proportionnée à celle du lac qui le nourrit; 2° que la petite rivière qui s'en dégorge, et à à l'issue de laquelle est située la ville, comme Genève à l'issue du Rhône, va se jeter, au bout d'un mille, dans le Fier que nous avons passé avant d'arriver.

Nous ne quitterons pas, avec Saussure, la ville d'Annecy, sans la faire connaître à nos lecteurs. Si l'on excepte son site frais et pittoresque, elle n'a rien de remarquable, pas même son vieux château des anciens ducs de Nemours. Les arcades extrêmement basses dont les principales rues sont bordées, loin de les embellir, les encombrent, ainsi que les boutiques, auxquelles elles ne laissent aucun jour. Son évêché et son hospice sont, faute de mieux, regardés comme d'assez beaux bâtimens. Le premier renfermait, lors de mon dernier passage, le logement, avec les bureaux de la sous-préfecture, et un atelier de broderie.

La filature de coton de M. Duport employait 400 ouvriers, lors de mon passage en 1809. Elle poussait la perfection de ses produits jusqu'au numéro 150. Quarante-quatre métiers ou mulgénies de 240 broches chacun, composaient cet établissement. Une manufacture de toiles de coton, basins, etc. y occupait 200 ouvriers. Toutes ces branches d'industrie ont décliné depuis mon passage, et peut-être elles n'existent plus au moment où j'écris. Il y a aussi une faïencerie, une fabrique de vitriol, des tanneries et une verrerie, dont les travaux ont été suspendus.

Il existe une autre verrerie, celle d'Alet, à deux lieues d'Annecy, vers le Sud-Est, et une autre, celle de Torant, la principale de toutes, à 3 lieues Est, dans une horrible gorge qui paraît impénétrable, lorsqu'on en approche, et le paraît même encore lorsqu'on y est parvenu. Elle n'a été rendue accessible qu'à force d'art, d'efforts et de patience. Le bois y arrive de deux lieues de distance, par des couloirs pratiqués en canaux de même matière, dans la pente des montagnes.

Ces divers établissemens, tant *intrà* qu'*extrà muros*, font d'Annecy une ville très-commerçante : elle contraste parfaitement, sous ce rapport, avec Chambéry, la première du département pour la grandeur et la population, comme Annecy l'est pour l'activité, le commerce et peut-être aussi la richesse, avec une population inférieure de près de moitié à celle de Chambéry, que nous avons évaluée à 10,000 âmes environ.

IIIe. ROUTE DE PARIS A MILAN.

C'est en 1535 que fût transféré à Annecy l'évêché de Genève, sous l'épiscopat de Pierre de la Baume, chassé de cette ville par les réformés. Ce siége a été illustré depuis par saint François de Sales.

La route de poste finit pour nous à Annecy; mais elle se prolonge à droite jusqu'à Chambéry, par un embranchement où s'est dirigé l'illustre voyageur dont nous suivons les traces et recueillons les observations depuis Genève. (*Voyez, pour cette dernière route, la* 2e. *communication de Chambéry à Genève.*) — *Parcouru depuis Paris.* . . . . 134½ lieues.

---

§ 39. *D'Annecy à Faverge.* 5
§ 40. *De Faverge à l'Hôpital.* 5
§ 41. *De l'Hôpital à Moutiers.* 5

Quoique nous n'ayons plus de poste après Annecy, nous avons encore une fort bonne route, qui, aussi agréable que roulante, longe la rive occidentale du lac, en traversant le hameau de Duing, vers le milieu de la distance. C'est une suite de terrasses qui, suspendues en corniche sur les talus d'une colline extrêmement variée, et sur les bords du lac, offrent une suite de points de vue aussi frais que pittoresques, mais d'un genre tout différent de ceux que nous avons déjà admirés sur les bords du lac de Genève, même de celui de Neufchâtel, quoique la rive occidentale de ce dernier présente des terrasses quelquefois semblables, sur lesquelles est pratiquée la route de Neufchâtel à Genève.

Les collines dont on longe le pied sont calcaires, et forment la base des montagnes de même nature qui séparent ce bassin de celui de Chambéry, en s'élevant à la hauteur d'environ 7 à 800 toises au-dessus de la mer.

Les pentes plus sauvages et plus escarpées qui bordent l'autre rive, forment la base d'une longue ramification des Alpes, dont la chaîne que nous cotoyons est séparée par un intervalle, à travers lequel nous allons gagner la vallée de l'Isère.

Faverge est un des plus jolis villages, et peut-être le plus beau de la Savoie, non par lui-même, c'est un village comme un autre, mais par son site heureux et ses frais environs. Ils sont aussi riches qu'agréables. Les coteaux qui le dominent au Sud-Ouest se dessinent en paysages sinueux. La plaine qui s'étend depuis ces coteaux jusqu'à la montagne opposée, est couverte de prairies et de vergers, de beaux noyers et d'arbres de toute espèce. Un ton demi-sauvage, un peu solitaire, et tout-à-fait romantique, règne dans cet heureux coin de la terre; du moins il m'a paru tel, si je ne me laisse pas entraîner à l'illusion par le bon accueil que j'y ai reçu. Le maire réunit chez lui, pour mieux me fêter, une société d'autant plus aimable que je devais moins m'y attendre, dans un lieu aussi éloigné de toute grande communication, et séparé du reste de l'Europe par des montagnes presque partout inabordables, qui ne laissent entre elles d'autre intervalle que ceux à travers lesquels pénètre la route peu fréquentée que nous suivons.

Arrivés par un assez beau chemin, nous allons en ressortir de même, en traversant, au bout de deux petites lieues, le village d'Ugine, situé à l'extrémité de la plaine, où l'on franchit, sans s'en apercevoir, la chaîne des Bauges, qu'on a cotoyée jusque-là. Elle est, dans cette partie, tellement abaissée qu'on doute si ce chaînon, où plutôt cette profonde échancrure, n'est pas plutôt une séparation qu'une réunion de cette chaîne avec les Alpes; de manière qu'on peut soutenir également que les Bauges appartiennent ou n'appartiennent pas à cette chaîne principale, et que les coteaux d'Ugine en forment ou la séparation ou la continuité.

Une courte descente, étroite et rapide en certains endroits, dirigée au travers d'une colline féconde en points de vue variés et pittoresques, conduit à l'Hôpital, bourg assez joli, situé au fond et à la réunion des deux vallées, creusées l'une par le Doron, qui vient de la vallée de Beaufort, l'autre par l'Isère, qui descend du Petit Saint-Bernard. Ce bourg est très-commerçant, et au moins aussi considérable que la ville de Conflans, dont il semble être le faubourg, n'en étant séparé que par le Doron. Cette très-petite ville, élevée sur un monticule pittoresque, au confluent des deux rivières, commande également les deux superbes et riches vallées de la Tarentaise, que nous allons parcourir, et de la Combe de Savoie, que parcourent auparavant les voyageurs qui se rendent au Petit Saint-Bernard, par Chambéry. Arrosées toutes deux par l'Isère, elles sont séparées ici l'une de l'autre par le brusque rapprochement des deux montagnes opposées.

Nous avons dit ailleurs que la première est la plus belle et la seconde la plus riche que renferme le revers septentrional des Alpes. En certaines parties, le voyageur se croirait transporté sur les bords rians de la Loire, si les hautes cimes, qui régnent de part et d'autre,

IIIᵉ. ROUTE DE PARIS A MILAN.

au lieu des coteaux de la Touraine, ne détruisaient l'illusion, en lui rappelant qu'il est au milieu des Alpes. Des villages nombreux, habités par des cultivateurs aisés, n'offrent ici ni les masures, ni les haillons qui caractérisent ailleurs la pauvreté savoyarde. Celui de la Roche-Cavins, qu'on trouve à mi-chemin de l'Hôpital à Moutiers, pourrait devenir un lieu de relais, si jamais ou ouvrait cette route. C'est au milieu de la vallée, dans un petit bassin entouré de hautes montagnes, et fermé par deux défilés, qu'est située la ville de Moutiers, peuplée de 2000 habitans, ancienne capitale de la Tarentaise, aujourd'hui chef-lieu de l'arrondissement qui a pris la place de cette province.

Déjà connue par ses salines et par ses bâtimens de graduation, la ville de Moutiers est appelée à l'être davantage, un jour, par son école pratique des mines, qui a pour objet d'étendre et perfectionner, dans cette partie des Alpes, les exploitations minérales. La plus importante est celle des mines de plomb et argent de Pezay. Découverte en 1714, elle n'est exploitée que depuis 1742. Le quintal de minerai purifié rend un tiers de plomb en

œuvre, et le quintal de ce dernier 44 livres
de plomb marchand. — *Parcouru depuis Paris.* 149½ lieues.

§ 42. *De Moutiers à Saint-Maurice*. 5
§ 43. *De Saint-Maurice à l'hospice du Petit-Saint-Bernard* 3

La route assez commode jusqu'à Moutiers, continue à être roulante jusqu'au pied du Petit-Saint-Bernard. Elle était même plus facile que la route du Mont-Cenis, avant les travaux qu'a fait entreprendre, sur cette dernière, le Gouvernement français. Elle est encore, et sera toujours la plus agréable des deux, par la largeur et la richesse de la vallée qu'elle parcourt, comparées avec la tristesse et la pauvreté de la Maurienne.

Deux lieues après Moutiers, on passe près d'un petit village, dont le nom de *Centron* indique l'ancienne capitale de ce pays, habité au temps des Romains par les *Centrones*. Il existe peu d'étymologies aussi pures, peu de noms antiques aussi bien conservés.

Un peu plus loin on trouve Aixme, autre village qui a pris la place d'une autre ville antique, *Axima*. On y peut voir quelques restes de constructions romaines, avec quelques inscriptions intéressantes, qui prouvent que cette ville a été la capitale du pays, après la destruction de Centron, par l'effet des éboulemens dont l'œil attentif reconnaît encore la trace.

Le bourg de Saint-Maurice, chef-lieu de la haute Tarentaise, est l'entrepôt du commerce agricole de cette contrée, consistant en bestiaux et en fromages. Une lieue après, on est au pied du Petit Saint-Bernard, et dans le hameau de Séez, où l'on ne remarque point le ton sauvage et triste du village de Lans-le-Bourg, qui occupe une position semblable au pied du Mont-Cenis. Les voitures ne peuvent aller plus loin ; elles ne peuvent non plus être démontées comme au Mont-Cenis, sans de graves inconvéniens, vu l'inexpérience des habitans pour ces sortes d'opérations, si familières aux montagnards de Lans-le-Bourg et de la Novalaise.

Il est difficile de dire si le passage du Petit Saint-Bernard, bien moins facile que celui du Grand, l'est plus ou moins que celui du Mont-Cenis. La montée m'en a paru plus courte, surtout du côté de l'Italie ; cependant, d'après les diverses mesures qui en ont été prises, le sommet du col est élevé de près de 100 toises au-dessus du Mont-Cenis, qui l'est de 1060 au-dessus du niveau de la mer. Ce qu'il y a de sûr, c'est que le petit Mont Saint-Bernard conserve plus long-temps les neiges que le Mont-Cenis ; je l'en ai trouvé entièrement couvert au mois de juin 1804: les mulets s'y enfonçaient à chaque pas. J'ai craint plus d'une fois de m'y enterrer avec eux.

Ce qu'il y a de sûr encore, c'est qu'il est moins habitable, puisqu'il n'est point habité, n'offrant d'autre asile au voyageur qu'un hospice abandonné à un poste de gendarmes, lors de mon dernier passage au mois de juin 1806. Ils s'y étaient relevés tout l'hiver. La chasse des perdrix blanches et des lièvres blancs, était leur amusement et leur ressource. Ils ne vivaient que de ce gibier. Avant eux, l'hospice était occupé par un seul religieux. Moins haut de quelques toises que le sommet du col, dont le point culminant est un peu au-delà, cet hospice s'élève de 1125 toises au-dessus du niveau de la mer.

M. Bourrit prétend que c'est le passage le plus facile des Alpes, ce qui peut être vrai, après que les neiges sont fondues, abstraction faite toutefois de l'état de la route, aussi négligée sur le Petit Saint-Bernard, qu'elle est embellie et soignée sur le Mont-Cenis. — *Parcouru depuis Paris*. 157½

§ 44. *De l'Hospice à la Thuile* 2

On voit, sur le sommet du plateau, un petit lac comme au Mont-Cenis et au Grand Saint-Bernard. La route le longe à gauche.

Du même côté, on jouit d'une vue très-rapprochée du Mont-Blanc, vue que n'offre, ni de près, ni de loin, aucun autre passage des Alpes. Les voyageurs qui observent, et qui sentent, aimeront à mesurer ici des yeux, ce point le plus élevé de l'ancien continent, à comtempler de près cette hauteur, inabordable pour tout autre mortel que Saussure, à incliner leur tête devant celle de ce vieux roi des monts, que blanchissent des neiges anciennes comme lui, et comme le monde. Si son élévation frappe moins ici qu'ailleurs, on ne s'en étonne pas, en songeant que la hauteur où l'on se trouve parvenu, est presque la moitié de celle du Mont-Blanc, estimé par Saussure à 2426 toises. Le trajet du col, depuis Séez jusqu'à la Thuile, premier hameau du Piémont, est de 5 lieues. Il est de sept pour ceux qui se sont décidés à faire transporter leurs voitures à dos de mulet, vu qu'on ne peut les remonter qu'à Saint-Didier-les-Bains, village situé à deux lieues plus loin. Nous venons de remarquer que les

habitans du pays ne possèdent pas l'art de faciliter ce trajet comme au Mont-Cenis; c'est qu'il
y passe peu de voyageurs, et presque pas de
voitures. — *Parcouru depuis Paris*. . . . . . 159 lieues.

§ 45. *De la Thuile à Saint-Didier-les-Bains.* 2

Chemin étroit et escarpé le long du torrent de la Thuile. On arrive, par une descente rapide, à Saint-Didier, village de quelque ressource pour les voyageurs, et de quelque agrément. Quoiqu'on y puisse rigoureusement remonter dans sa voiture, on n'en est pas moins dans un chemin de traverse, très-étroit en certaines parties, dangereux dans quelques-unes, et presque partout sujet aux éboulemens qui l'encombrent.

Les bains de Saint-Didier, connus aussi sous le nom de *Cormayeur*, hameau voisin où ils ont leur source, jouissent de beaucoup de réputation dans le Piémont; mais ce que Saint-Didier a de plus intéressant, est d'offrir, à travers la gorge de Cormayeur, la vue du revers méridional du Mont-Blanc. Sur cette face, il est méconnaissable pour les yeux accoutumés à le voir du côté du Nord. Ce n'est plus cette croupe énorme, neigeuse, arrondie, cette bosse

III.e ROUTE DE PARIS A MILAN. 145

du dromadaire qui le signale au loin, dans cet aspect ; il ne présente ici qu'une immense muraille de granit, coupée presque verticalement, et haute de près de 2000 toises au-dessus de sa base. Au surplus, c'est moins le Mont-Blanc qu'on voit, que le pic du Géant, l'une des aiguilles qui l'entourent.

Ce fut en tournant cette muraille que Saussure descendit du Mont-Blanc, dans la vallée de Cormayeur. — *Parcouru depuis Paris* . . . .   lieues. 163 ½

---

§ 46. *De Saint-Didier-les-Bains à Arvié* . .   4 ½
§ 47. *D'Arvié à Aoste*   4

Le reste de la vallée présente de la fraîcheur, parfois des sites agréables, quelques ruines de châteaux, et divers torrens à franchir, dont le plus considérable est celui de la Doire, qui descend du Mont-Blanc dans la vallée de Cormayeur, et vient tripler à peu près le volume de celui que nous cotoyons depuis la Thuile. Le village de Morgez, qu'on traverse à une demi-lieue de Saint-Didier dans un bassin assez large, est le plus joli, et paraît le plus considérable de toute cette vallée, où l'on trouve encore, avant celui d'Arvié, ceux de La Salle et de Ruine : ce dernier tire son nom de sa localité ruineuse. La route y passe sous une roche taillée en demi-arcade, qui doit gêner les voitures, sur une autre, taillée en corniche, qui offre un espace très-étroit, un précipice dangereux, et un effet très-pittoresque.

Après Arvié, on ne trouve plus que le village de Villeneuve, et celui de Saint-Pierre, jusqu'à la cité d'Aoste.

Siége d'un évêché et d'une sous-préfecture, cette ville ressemble à un village, et par ses maisons, et par ses rues, et par ses habitans, dont le nombre porté à 5 ou 6 mille âmes, s'il n'est pas exagéré de moitié, l'est au moins d'un tiers. Elle en renfermait, dit-on, 10,000 autrefois, lorsqu'elle était ville de garnison.

Elle n'a rien d'agréable par elle-même; mais elle peut intéresser les amateurs par ses antiquités, qui sont un arc-de-triomphe, en partie enterré, un petit pont construit en énormes pierres de taille très-bien conservé, mais enterré de même en partie; un reste d'amphithéâtre, une superbe porte de trois arcades, dont la mitoyenne est immense, et quelques autres restes de constructions, qui annoncent l'ancienne importance de la cité d'Aoste ou d'Auguste, *Civitas Augusti*. L'inactivité qui règne aujourd'hui dans ses rues contraste parfaitement avec le mouvement qui devait y régner au temps de sa splendeur, dont tout y retrace le souvenir, avec celui de sa destruction. Le contraste est d'autant plus frappant, que la ville a une enceinte considérable, dont une partie est couverte de prés, de jardins et de ruines; ce qui, en prouvant combien elle a déchu, contribue pour beaucoup à sa physionomie villageoise. « Au moins, (dit l'auteur » d'un Voyage en Piémont) les habitans ont » la satisfaction d'avoir leurs champs, leurs » vergers et leurs prairies à leur porte. »

J'ai dit qu'ils contribuaient eux-mêmes à donner à la ville un air de village, c'est qu'ils ont vraiment l'air villageois; mais cet air est celui de la franchise, de la bonhomie, de la droiture et de l'hospitalité. Il n'existe pas de peuple plus doux, plus accueillant pour les étrangers, je dirai même plus honnête, en prenant ce mot dans sa double acception de politesse et de probité.

Ce bon peuple m'a rappelé, par ses mœurs hospitalières, celui des villes de la Forêt-Noire, où je voyais tout le monde montrer le même empressement à la vue d'un étranger; les personnes qui étaient assises devant leur porte se lever, et celles qui allaient dans les rues, s'arrêter, pour nous saluer plus profondément.

Cette particularité des mœurs d'un peuple n'est pas aussi indifférente qu'on pourrait le croire, puisqu'elle contribue à déterminer le premier jugement des voyageurs, comme étant le premier trait caractéristique qui se présente à eux, et ce signe ne les trompe guères. Il est bien rare qu'un peuple saluant et respectueux ne soit pas un bon peuple. Je dirais même que c'est impossible, si la preuve du contraire ne nous attentendait au sortir de la vallée; mais n'en quittons point la capitale, où nous voyons ce signe confirmé par la plus attachante réalité, sans observer que ses aimables et vertueux habitans, qui parlent tous fort bien le français, peu le piémontais, encore moins l'italien, aiment à se dire Français d'origine, ou du moins Savoyards. Il n'y a pas un habitant qui ignore que cette province ne fit pas toujours partie du Piémont, quoiqu'elle y soit réunie depuis nombre de siècles. Ils ont véritablement bien moins de rapports avec leurs compatriotes les Piémontais, qu'avec les Savoyards ou les bas Valaisans, leurs voisins, dont ils m'ont paru avoir les qualités, sans en avoir les défauts.

Ainsi le peuple d'Aoste vaut mieux que tous ses voisins. Il doit descendre des anciens Romains, si les révolutions de l'Italie ou d'autres circonstances n'y ont pas confondu les races ; car cette capitale des Salasses fut peuplée par une colonie romaine qu'y envoya Auguste, après que *Terentius Varro*, l'un de ses lieutenans, ayant vaincu les habitans qui inquiétaient ses légions, les eût fait vendre à l'encan, au nombre de 36,000. Il paraît que les Salasses étaient, dans ce passage des Alpes, ce qu'étaient de nos jours les barbets dans celui du col de Tende. (*V. ce passage décrit, route de Marseille à Turin*, t. 6.)

Les environs de cette ville sont frais et pittoresques. Sa situation sur l'ouverture des deux vallées du Grand et du Petit Saint-Bernard, et sur les deux torrens qui s'y réunissent, ajoute à cette fraîcheur, et plus encore à la variété des aspects et des sites. La culture qui se rapproche le plus de celle des jardins, le blé de Turquie, le chanvre, les arbres fruitiers, tel est le tapis, verdoyant autant que riche, qui couvre le territoire d'Aoste. Ce beau tapis où dominent de superbes noyers, se relève en draperie sur les bases des montagnes, dont la vigne occupe toutes les parties qui lui sont favorables, et à une telle hauteur qu'elle doit atteindre le maximum de l'élévation à laquelle peut réussir la culture de cet arbuste. Les plus hautes m'ont paru à près de 200 toises au-dessus de la vallée, dont la hauteur perpendiculaire au-dessus du niveau de la mer, est évaluée à 300; c'est-à-dire que la culture des vignes n'expire, dans la vallée d'Aoste, qu'à 500 toises au-dessus du niveau de la mer, hauteur moyenne des principales montagnes de l'intérieur. Après le tribut d'étonnement payé à cette prodigieuse élévation des vignobles d'Aoste, on leur en doit un autre, pour la bonne qualité des vins qu'ils produisent, malgré cette hauteur.

Ces vins sont le principal objet d'exportation, et la véritable ressource de cette partie de la vallée, qui n'a pas toujours le moyen de l'utiliser, ne pouvant pas envoyer cette denrée dans la plaine du Piémont, où elle abonde, tandis que, dans la direction opposée, le Valais, qui semblerait devoir ouvrir un débouché vers la Suisse, aux vins d'Aoste, est lui-même embarrassé de la surabondance des siens. Les fromages et cuirs en poil que produit ce pays, sont une branche moins étendue de son commerce; mais bien plus assurée. — *Parcouru depuis Paris* . . . . 170 lieues.

IIIᵉ. ROUTE DE PARIS A MILAN. 151 lieues.

§ 48. *D'Aoste à Châtillon* (1). 6

On traverse le hameau de Nuz, vers le milieu de cette distance, qui n'offre rien de remarquable que les riches coteaux de Chambave, renommés dans le Piémont par leurs vins blancs. On les dit meilleurs que ceux d'Acqui.

Châtillon est le lieu le plus considérable et le plus beau de tout le val d'Aoste. Il y a un fort joli pont, un assez joli château appartenant à M. de Challan, un bureau de poste, 1500 habitans, dont plusieurs riches, quelque société, quelques auberges dont une passable, et des forges qu'on voit à droite en sortant. — *Parcouru depuis Paris.* 176

---

§ 49. *De Châtillon à Verrès.* 6

Au bout d'une lieue on trouve le village de Saint-Vincent, connu par ses eaux minérales, bonnes, dit-on, pour les fièvres et la phthisie. Là commence le fameux passage du Mont Jouet, ou *Mons Jovis*, connu aussi sous le nom de Saint-Vincent. La montée est douce, et la descente

---

(1) Cette route, praticable et même commode pour les voitures, a eu autrefois des relais.

rapide. Ce que ce trajet a de remarquable, est d'avoir été ouvert à travers une masse de roc perpendiculairement suspendu sur le torrent, dont le lit est rétréci en cet endroit par le resserrement subit de la vallée entre deux parois de rocher extrêmement escarpées. La route se fait jour dans cet escarpement par une brèche ou excavation longitudinale, de manière qu'on a le roc, et sous ses pieds, et sur sa tête, et à sa gauche, pendant qu'à droite on est suspendu avec lui sur le torrent qui roule au fond d'un effroyable abîme. Une inscription que je n'ai pu lire, instruit le voyageur que c'est aux Augustins qu'il a l'obligation de ce commode passage que la nature semblait lui refuser. Ces moines l'ont fait sans doute miner pour le rendre plus commode; mais on n'en saurait contester aux Romains la première gloire, car ils ne pouvaient pratiquer le Grand Saint-Bernard, comme ils l'ont fait, sans passer par le Mont Jouet, dont l'étymologie est apparemment *Mons Jovis*, comme le pensent quelques savans.

Une lieue et demie après la descente, on arrive à Verrès, bourg de 1000 habitans, au nombre desquels sont beaucoup de goîtreux et de cretins. Il renferme un bureau de poste, une forge avec

fourneau, et quelques auberges, dont une assez
bonne. — *Parcouru depuis Paris*. . . . . 182 lieues.

§ 50. *De Verrès à Settimo-Vittone* 4½
§ 56. *De Settimo à Yvrée*. 3½

Dans cette distance, la vallée tapissée de treillages et de hautins, est parsemée de villages et de hameaux. Le premier lieu qu'on rencontre est Arnas, le second Bard, renommé par son ancien fort, qui était regardé comme imprenable, jusqu'à ce que le contraire ait été prouvé par les Français, lorsqu'ils fondirent, à travers cette vallée, dans les plaines de l'Italie où les attendaient les lauriers de Marengo. Un seul canon qu'ils réussirent à pointer contre l'entrée du fort, leur en fit ouvrir les portes, qui sont au nombre de deux; le fort n'étant autre chose qu'un défilé de la vallée fortifié aux deux extrémités : l'une de ces deux portes, taillée dans le roc, est attribuée aux Romains. Sur l'autre rive de la Doire, on peut voir une forge et un fourneau.

Après Bard, vient Donasso; après Donasso, Saint-Martin, qui a une forge avec un fourneau, et un pont hardi sur le torrent qu'on passe à la sortie. Après Saint-Martin, Settimo-Vittone où était jadis le relais; après Settimo Vittone,

Borgo-Franco, bourg assez considérable. De là à Yvrée, on n'a plus qu'une lieue à parcourir à travers les prairies et les treillages qui entourent cette ville, à l'entrée de laquelle s'élève à gauche le château de *Montale*.

Avant de parler d'Yvrée, nous devons un coup-d'œil général à la vallée que nous venons de parcourir. Elle nous a présenté, dans toute sa longueur, le triste spectacle de la misère et de la difformité humaine. Au-dessus d'Aoste les deux vallées du Grand et du Petit Saint-Bernard offrent une assez belle race tant en hommes qu'en femmes; mais aux approches et au-dessous de cette ville, on ne voit qu'une race défigurée, semblable à celle dont le Valais nous a offert le triste spectacle. Les cretins et les goîtreux sont tellement multipliés dans le val d'Aoste, que toutes les fois que je rencontrais plusieurs habitans ensemble, j'étais presque sûr d'en compter les trois quarts de goîtreux. Beaucoup plus communs que dans le Valais et la Maurienne, et que dans aucune autre vallée des Alpes, ils sont aussi beaucoup plus monstrueux. J'ai pu en juger aisément dans ces foules nombreuses qui réunissent la majeure partie de la population autour des églises paroissiales, les dimanches et fêtes, ou dans les places publiques, les jours de marché. Mes yeux, affligés d'un aussi triste tableau, n'ont jamais pu se reposer sur une de ces belles paysannes qu'offrent à chaque pas les vallées de la Suisse, et même de loin en loin le bas Valais, beaucoup plus sujet que le haut à cette infirmité endémique. Les rustiques bonnets de laine rouge, dont sont affublées toutes les têtes des Aostaines, les font ressembler à des hommes. Ces coiffures, tant soit peu phrygiennes, auraient pourtant, dans leur simplicité, de quoi relever la fraîcheur ou la beauté de la jeunesse, si la laideur n'était générale.

Cette dégradation de l'espèce est tellement le partage du val d'Aoste, qu'elle diminue et cesse presqu'entièrement aux deux extrémités, tandis qu'elle se renforce dans le centre, notamment à Verrès. Nous avons déjà dit qu'elle attaque l'intelligence, et produit sur cette partie du moral, la même dégradation que sur le physique; mais elle contribue aussi peut-être à la douceur comme à la pureté des mœurs. Ces êtres dégénérés sont naturellement débonnaires. Ils ne sauraient être ni vicieux, ni méchans : ils ont besoin aussi de toute la complaisance des membres de leur famille qui ne partagent pas leurs infirmités; et ceux-ci les traitent avec les plus grands égards.

Ainsi, tous les habitans goîtreux et non goîtreux, sont aussi bons que simples, en même tems qu'ils sont tous aussi mal bâtis que mal vêtus. Le pays offre lui-même l'aspect de la pauvreté comme les habitans. C'est une vallée qui n'abonde qu'en fer, mais il est excellent; il est surtout renommé par son extrême ductilité, qui le fait regarder comme le meilleur de l'Europe, après celui de Suède et de l'île d'Elbe. Ce minerai s'extrait à droite et à gauche dans les montagnes qui forment le bassin de la *Dora baltea*.

Cette vallée ne récolte pas assez de vin; mais les environs d'Aoste lui en fournissent, lorsqu'elle a le moyen de le payer. Elle achète presque tout son blé, et n'exporte que quelques fromages, quelques cuirs et quelques bestiaux. Nous avons cependant remarqué, avant Verrès, surtout dans le territoire de Châtillon, des champs de blé, et au-delà beaucoup de treillages, qui couvrent souvent le chemin en forme de berceau, et s'étendent sous la même forme jusqu'à la base des montagnes. Ces berceaux sont supportés par des poteaux ou colonnes de pierre, dont la blancheur et l'alignement font un effet plus singulier qu'agréable. Le châtaignier est, avec le noyer, l'arbre qui prédomine dans le val d'Aoste. Toujours verdoyant et ombragé, il s'élargit aux approches d'Yvrée, où il débouche dans les plaines du Piémont.

Cette ville est, pour ainsi dire, la porte méridionale du val d'Aoste, comme Aoste en est la porte septentrionale. Ces deux portes ne se ressemblent qu'en ce qu'elles ne sont belles ni l'une ni l'autre. C'est à peu près la même population, d'après les auteurs, qui donnent 6 à 7000 habitans à chacune des deux villes; mais celle d'Yvrée nous paraît plus forte, au moins d'un tiers que celle d'Aoste, exagérée, dans cette proportion, comme nous l'avons déjà dit.

Yvrée n'a aucun commerce particulier; des marchés considérables lui fournissent le débit des fromages et des bestiaux que produisent ses montagnes. Cette ville est en général plus mal percée, et presque aussi mal bâtie qu'Aoste: c'est également le siége d'un évêché, c'était aussi celui de la préfecture de la Doire; elle est, dit-on, incommodée par les scorpions, inconvénient dont je ne me suis point douté, lors de mes divers passages.

Les habitans, soit de la ville, soit des campagnes d'Yvrée, ne ressemblent nullement à ceux de la ville ou de la vallée d'Aoste. Le physique de l'homme reprend ici ses formes et ses proportions ordinaires. Les habitans d'Yvrée, sous ce rapport, sont comme tous ceux de la plaine. Il serait à désirer qu'ils fussent comme ceux d'Aoste, sous le rapport moral, mais ils n'en ont pas la réputation. Ils en ont même une toute contraire : il est clair que je ne parle que du peuple proprement dit; c'est dans cette classe qu'il faut toujours chercher le caractère national.

Yvrée est l'ancienne *Eporedia*, mentionnée par plusieurs auteurs anciens. Velleius Paterculus, liv. 1, chap. 16, dit, que sous le consulat de Marius, les Romains y envoyèrent une colonie. D'après Strabon, liv. 4, pag. 205, c'est là que les Salassiens, vaincus par Terentius Varro, furent conduits pour être vendus à l'encan.

lieues.
— *Parcouru depuis Paris.* 190

§ 52. *D'Yvrée à Saint-Germain.* 8

Cette route n'est pas montée en ligne de poste, pas même indiquée sur la carte, ni sur le livre. Elle est cependant directe et fort bonne, tandis que celle qui est indiquée d'Yvrée à Cigliano, est une direction détournée et un chemin de traverse, qui, non seulement, n'est pas suivi par les voitures, mais n'est pas même regardé comme praticable. On ne doit donc parler que de la première; elle traverse, à des intervalles presque égaux, Piverone, Viverone, Cavaglia et Santhia. Piverone et Viverone sont deux bourgs considérables; le second est riche en fruits et en vins. Cavaglia et Santhia sont deux petites villes de 2500 à 3000 habitans chacune; la première n'a jamais été plus importante qu'elle ne l'est ; la dernière, chef-lieu d'arrondissement avant la restauration, est célèbre dans l'histoire, par l'ambassade et les présens qu'y reçût Charlemagne de la part d'Aaron, roi de Perse, et d'Amurat, chef d'un petit État en Afrique. Elle était alors considérable et florissante. Les guerres civiles y ont depuis porté le ravage et la désolation; les habitans de Verceil la relevèrent en y envoyant des colonies. Les ducs de Savoie y ont résidé.

A Saint-Germain , village déjà mentionné, nous sommes sur la route de Paris à Milan, par Turin. — *Parcouru depuis Paris, par Genève et le Petit Saint-Bernard.* . . . . lieues. 198

---

§ 53. *De Saint-Germain à Verceil.* 3½
§ 54. *De Verceil à Orfingo.* 3
§ 55. *D'Orfingo à Novarre.* 3

§ 56. De Novarre à Buffalora. 6
§ 57. De Buffalora à Sedriano. 3
§ 58. De Sedriano à Milan. 4½

(*Voyez*, pour cette partie de route, la seconde de Paris à Milan, page 118 de ce volume.)
— Parcouru depuis Paris jusqu'à Milan, par Genève et le Petit Saint Bernard. 221

FIN DE LA 3ᵉ. ROUTE DE PARIS A MILAN.

DESCRIPTION
DE LA VILLE DE MILAN.

On arrive à Milan par une vaste esplanade, au milieu de laquelle s'élève le gothique château des Viscomti, qui défendait ou plutôt commandait la ville. Il a toujours continué à servir de citadelle, conformément à sa première destination. Cette esplanade se nomme la place du Château. Le prince Eugène, pendant sa vice-royauté, l'a fait embellir de diverses plantations d'arbres et de nombreuses pièces de gazon, séparées par des chemins sablés, ce qui a transformé cette immense place en un immense jardin. A l'une des extrémités a été construit un amphithéâtre, dans le genre antique, contenant plus de 30,000 spectateurs. Beaucoup plus vaste que celui de Vérone, le plus grand des anciens monumens de ce genre que les siècles nous ont conservés, il est beaucoup moins élevé, et par cette raison, moins majestueux; mais il n'est pas moins extraordinaire, à cause de son étendue. Il sert en même temps pour les courses et les naumachies. On remplit l'arène d'eau et on la vide à volonté.

L'entrée de la ville, qui se présente immédiatement après le trajet de cette place, n'a rien de séduisant pour le voyageur : c'est une ville vieille, et par conséquent bâtie sans régularité. Les maisons sont néanmoins d'une assez bonne construction ; elles ont généralement depuis trois jusqu'à cinq étages. Les rues sont la plupart étroites et tortueuses. Quelques-unes seulement offrent une certaine largeur. Elles sont toutes, et c'est ce qui frappe le plus l'étranger, garnies dans le milieu, de deux larges bandes de pavé plat, en dalles de granit, qui rendraient la marche bien commode, si ces beaux pavés, placés justement à la voie des voitures, n'étaient destinés à les faire rouler plus agréablement. Ainsi en profitant à la dérobée de cet agrément, les piétons ont la douleur de savoir qu'il n'est point pour eux, et l'humiliation de ne le devoir qu'au luxe, qui leur en dispute à chaque pas la jouissance, en les éclaboussant et menaçant de les écraser, s'ils ne se hâtent de céder le terrain.

Il n'est pas de ville où l'on coure ce risque plus qu'à Milan, soit parce que les voitures y sont très-nombreuses, et proportion gardée, beaucoup plus qu'à Paris, soit parce que, roulant sans bruit, sur ces larges pavés, elles arrivent à la sourdine derrière les malheureux piétons, qui

VILLE DE MILAN.

vont rêvant ou s'entretenant de leurs affaires, sans songer au danger qui les menace. Ce danger n'avait pas échappé au coup-d'œil observateur et paternel de l'estimable prince Eugène, qui avait ordonné et fait commencer des trottoirs, sur les deux bords de la rue, pour l'agrément et la sûreté des piétons.

C'est surtout à la promenade du *Corso* de la porte orientale, ou plutôt dans la rue qui y mène, que ce danger se fait particulièrement sentir. Tous les soirs en été, les nombreux équipages de Milan s'y réunissent en foule. Tous les dimanches et fêtes, les fiacres et les carrosses de remise viennent grossir le nombre, qui s'élève alors, dit-on, à trois mille. Ces diverses voitures s'y rendent au grand trot, en luttant entre elles de vitesse. Mais arrivées au pavé du Cours, elles se ralentissent tout à coup : la marche devient grave, des sentinelles commandent le petit pas et l'alignement, d'abord sur deux rangs, ensuite sur trois, quatre et cinq, à mesure que le nombre des voitures augmente. Bientôt les deux rangs des bords s'arrêtent, le long des deux allées latérales, où se presse la foule ambulante des piétons. Ainsi stationnés, les promeneurs à équipage s'amusent à regarder passer et repasser ces flots allans et venans de promeneurs à pied, et le plus souvent ils ne les regardent pas du tout : ils ne regardent rien, ils reposent leurs chevaux, ils se reposent eux-mêmes. Rarement descendent-ils de leur dormeuse pour se mêler dans la foule; ils causent nonchalamment entre eux. Quelquefois les hommes s'abandonnent aux douceurs du sommeil, tandis que les dames se livrent au plaisir de faire admirer leurs charmes et leur toilette, jouissances qu'elles prodiguent au public, du consentement et aux frais de leurs maris ou de leurs pères.

Voilà ce que le beau monde de Milan appelle se promener. Ce singulier genre de promenade est en usage dans tout le reste de l'Italie, où une rue sert de Cours. Les approches du dîner en hiver, les approches de la nuit en été, mettent fin à l'immobilité générale. Les équipages qui servent de chefs de file s'ébranlent, et la circulation recommence, d'abord avec la lenteur prescrite, jusqu'au bout du Cours, ensuite avec la promptitude de l'éclair, quand on a gagné la rue. C'est alors que les gens à pied doivent être sur leurs gardes contre cette excessive rapidité que l'obscurité rend plus dangereuse, pendant que le brouhaha de la foule étouffe entièrement le léger bruit que font les roues sur le pavé plat et uni dont nous avons parlé. Des défenses sévères interdisent le grand trot ; mais elles ne sont pas exécutées.

Ce Cours et le beau jardin public attenant forment la promenade la plus fréquentée de la ville. La place du Château que nous avons vue en arrivant finira peut-être par lui disputer le premier rang, quand les arbres auront acquis leur accroissement.

Huit à neuf théâtres, dont le principal est celui de la Scala, l'un des plus grands de l'Italie, réunissent en été, au sortir de la promenade, c'est-à-dire à neuf heures du soir, les divers amateurs, dont une partie va passer ensuite le reste de la nuit dans les bals et les fêtes, pour passer la journée du lendemain dans le lit. De là, sans doute, ces teints pâles, ces visages maigres et ces grands corps efflanqués, qui composent en partie la jeunesse de Milan. Elle serait très-belle, sans les excès auxquels elle se livre. La stature est généralement haute, mais plus élancée que renforcée. Il en est de même des dames ; chez elles, ces tailles sveltes sont de véritables tailles de nymphes. Elles se font remarquer en outre par leur belle peau ; mais ce sont des teints qui n'admettent que les lis et rarement les roses. On serait tenté de chercher la raison de cette pâleur générale dans les rizières qui abondent aux environs de Milan, si l'on ne savait que des réglemens sévères interdisent cette culture aqueuse près de la ville, et la relèguent à 5 milles de distance. On rencontre cependant quelques teints colorés, mais ce sont des exceptions.

À la fraîcheur près, le sexe de Milan est un des plus beaux de l'Italie : il se distingue même par cet air d'aisance qu'on est convenu d'appeler de *la tournure*. Cependant la plus belle femme qui fût à Milan, lors de mon séjour en 1806, était une française, l'épouse du général Solignac, née à Limoges.

Nous avons traversé Milan dans son centre et son plus long diamètre, en nous rendant de la place du Château à la promenade du Cours, où nous nous sommes laissés entraîner par la foule des voitures. Mais nous avons traversé aussi la place du Dôme, qui a pris ce nom de la cathédrale, dont le frontispice occupe un des côtés de cette place, comme l'église l'a pris elle-même de l'espèce de dôme qui la couronne. C'est la plus grande et la plus belle basilique de l'Italie, après St.-Pierre de Rome, dont le vaste vaisseau m'a paru même moins frappant la première fois que je l'ai vu, à cause de l'admirable proportion qui règne dans toutes ses parties.

La cathédrale de Milan, suivant M. de Lalande, a 449 pieds de longueur, et 275 de largeur dans la croisée, 180 dans la nef, et 238 de hauteur sous la coupole, 147 dans la nef, 110 dans les bas côtés, 73 dans les chapelles : voilà ce qui s'appelle de la précision. Je ne puis garantir que ce soit aussi de l'exactitude ; mes lecteurs sans doute aimeront mieux s'en rapporter, comme je l'ai fait, à ces évaluations que de les vérifier. Une mesure plus intéressante est la hauteur extérieure de la coupole, évaluée par le même voyageur à 370 pieds, compris le couronnement. « Cette église, ajoute-t-il, est soutenue par 52 colonnes gothiques qui ont 84 pieds de hauteur, compris les chapiteaux et les bases. Ce bâtiment fut commencé par Jⁿ. Galéas Viscomti en 1386, et il n'est pas encore achevé. » (*Voyage en Italie*, tome 1er, *pag.* 358.) Il l'est enfin aujourd'hui, parce qu'une volonté ferme l'a voulu, et cette volonté, à laquelle rien ne résistait, a obtenu en douze ans plus de travail qu'on n'en avait fait en un siècle et demi.

L'obstacle à son achèvement consistait dans de pieuses fondations qui, affectées à cet objet, devaient cesser après la terminaison de l'édifice, et l'on n'avait garde de le terminer. Le portail était ce qu'il y avait de moins avancé, lorsque la confection en fût si fermement ordonnée et si promptement exécutée.

Commencé par Pelegrini, il présente un certain mélange d'architecture gothique et moderne ; mais en inclinant beaucoup plus vers la dernière. Il annonce majestueusement ce bel édifice plus gothique qu'antique dans le reste de son extérieur, qui offre une grande richesse de sculpture, et un tel luxe de statues, toutes en marbre blanc, comme l'église même, qu'on en porte le nombre à 4000. Le comble de cette église et surtout le dessus de la coupole, couronné d'une aiguille en style moresque, et mal à propos appelé *dôme,* d'après cette forme, méritent d'être visités, tant pour la délicatesse et l'immensité du travail, que pour la belle vue dont on y jouit sur les fertiles plaines de la Lombardie.

Quant à son intérieur, cette église est absolument gothique, si l'on en excepte les deux magnifiques colonnes de granit qui soutiennent les ornemens de la grande porte, et qui n'ont pas été remarquées par M. de Lalande. Il n'a pas omis de même la belle statue de saint Barthelemi qu'on voit derrière le chœur. Ce saint, représenté debout écorché, et portant sa peau sur le dos, est d'une vérité effrayante. Ces deux colonnes et cette statue sont les objets les plus dignes de l'attention des curieux dans l'intérieur, où l'on examine aussi avec plaisir les

VILLE DE MILAN.

peintures des vitraux parfaitement conservés, les divers tableaux qui décorent les chapelles, ainsi que les statues, groupes et autres ouvrages de sculpture qui enrichissent le pourtour du chœur. A cela près, l'intérieur de cette église est dépourvu d'ornemens, et n'offre à la vue qu'une triste nudité.

Dans la chapelle souterraine, où repose le corps de saint Charles Borrhomée, « la sculpture, la ciselure, l'orfévrerie, dit M. de Lalande, ont épuisé leurs ornemens pour exprimer les vertus de ce saint, et embellir l'autel où il repose. » Le trésor de la sacristie mérite aussi d'être vu, et le beau pavé de la nef, ainsi que la méridienne, d'être remarqués.

Eclipsées par cette immense basilique, toutes les autres églises de la capitale du Milanais, au nombre de plus de 200, fixent peu les regards, quoique plusieurs se recommandent encore aux amateurs, soit par elles-mêmes, soit par les richesses de sculpture et surtout de peinture de l'école italienne qu'elles renferment, notamment celle de *la madona di san Celso*. Quelques-unes se font remarquer par une architecture élégante et gracieuse; celle de saint Ambroise par son magnifique portail de bronze, par la voûte du chœur toute en mosaïque, et par le grand autel, dont le devant est un ouvrage du 9e. siècle ; celle des Dominicains, dite *les Grazie*, par sa jolie coupole.

C'est dans l'ancien réfectoire de ce couvent, que les amateurs couraient voir le célèbre tableau à fresque de Léonard de Vinci, représentant la sainte cène. Il a été détérioré par le temps et par l'incurie, au point qu'il mérite à peine les regrets des Milanais, qui viennent de le voir enlever par les Autrichiens, pour le transporter à Vienne, si j'en dois croire mon journal. Au surplus, c'est moins l'ouvrage de Léonard dont on déplore la dégradation, que celui de ses restaurateurs qui en ont refait tout le coloris.

L'église de saint Laurent qu'on voit en entrant dans la ville, par la porte du Tésin, présente une magnifique colonnade en marbre de Paros, d'ordre corinthien. Les colonnes, striées jusqu'aux deux tiers de leur hauteur, s'annoncent, par leur noblesse et leur vétusté, pour les restes d'un ancien monument des Romains. C'est l'unique qui soit encore sur pied de tous ceux qu'ils ont élevés dans cette ville, et dont le poëte Ausonne nous a transmis le tableau. On y voit une inscription en l'honneur de l'empereur Vérus, qui se rapporte à l'an 165 de l'ère chrétienne, ce qui a donné lieu

de croire que le monument fût consacré à ce prince. Quelques auteurs pensent que c'était un temple d'Hercule. « Un mur de brique, dit
» M. Millin, soutient ces beaux restes qui sem-
» blent s'être conservés pour attester l'antique
» magnificence de la ville. » Ce savant rejette le témoignage qui résulte de l'inscription concernant l'origine de cet édifice, et se décide pour l'opinion qui en fait un bain placé sous la protection d'Hercule. L'église de san Lorenzo fut bâtie au 16e. siècle. C'est une coupole octogone, dans laquelle on voit une mosaïque représentant J.-C. au milieu des docteurs, et un tombeau qu'on croit être celui de Gallia Placidia, fille de Théodose le Grand.

Près du canal est une petite église connue sous le nom de St.-Jérôme, qui renferme une représentation du Saint Sépulcre au naturel.

La bibliothèque ambroisienne est, selon M. de Lalande, « la chose la plus intéressante de Milan, après la cathédrale ». Il est à observer toutefois, que ce n'est pas par la beauté du vaisseau, encore moins par celle des reliures, car la plupart des volumes ne sont que cartonnés et couverts en parchemin ; mais par la grande quantité d'ouvrages tant imprimés que manuscrits qu'elle renferme. Parmi ces derniers, dont on porte le nombre à plus de 15,000, on distingue celui de l'historien des Juifs traduit par Ruffin. Il est sur papyrus d'Egypte. On y montre aussi ceux du célèbre peintre-écrivain, Léonard de Vinci, consistant en un grand volume et onze petits. Ils ont coûté, dit-on, des sommes considérables à Galéas Arconati, qui en refusa, ajoute-t-on, 3000 pistoles du roi Jacques Ier, dans la vue d'en enrichir cette bibliothèque. Elle renferme encore le carton de l'école d'Athènes par Raphaël. Elle était en outre confusément garnie d'une grande variété d'objets intéressans, tant en peintures et sculptures de divers grands maîtres, qu'en médailles, en ouvrages d'ivoire d'un travail précieux, en machines et objets d'histoire naturelle ; parmi lesquels on me fit remarquer une boule de cristal qui renferme une goutte d'eau. Tous ces objets ont concouru, avec tous les tableaux et toutes les statues des églises supprimées, à composer le musée de Brera dont nous parlerons bientôt.

La bibliothèque proprement dite est ouverte au public, et l'on y voit, à toutes les heures du jour, nombre de personnes occupées à étudier ou consulter. Elle était composée de 40,000 volumes à l'époque où M. de Lalande l'a visitée. Elle a dû bien s'accroître depuis, puisque M. Millin porte le nombre des volumes à 140,000 ; mais nous croyons ce nombre exagéré.

Le collége de *Brera* ou palais des sciences et arts est, après *l'Ambrosiana*, ce qui mérite le plus d'être visité par les étrangers à Milan. C'est un grand et majestueux édifice : l'intérieur offre, avec un très-bel escalier, deux étages de galeries élevées autour d'une cour carrée, et soutenues par deux rangs de colonnes de granit, dont le premier est dorique et le second ionique. Ce collége renferme un observatoire que M. de Lalande a trouvé l'un des plus commodes, des mieux assortis, et des plus convenablement disposés qu'il connût. Il renferme aussi un jardin qui, quoique peu considérable, abonde en plantes exotiques, et une bibliothèque, riche en éditions rares, ainsi qu'en livres autographes, riche surtout en médailles antiques. Ce qui fait aujourd'hui la richesse principale de cette maison, est le musée de peinture et de sculpture qu'on y a réuni depuis peu. Dans ce collége, qui porte le titre d'université, sont rassemblées les écoles de peinture, de sculpture, de dessin, d'architecture et de gravure.

Le séminaire, situé à la porte orientale, n'est remarquable que par l'architecture et l'immensité de sa cour, entourée de portiques, comme celle de Brera, et quatre fois plus grande.

Le grand hôpital (*Ospedal maggiore*), réclame aussi les regards du voyageur. C'est un des plus grands et plus beaux hôpitaux de l'Italie, ainsi que des mieux tenus. Une première et vaste cour quadrangulaire l'annonce, dès l'entrée, d'une manière imposante. Les quatre façades qui entourent cette cour présentent deux belles colonnades ioniques, étagées l'une sur l'autre. Huit autres cours moins considérables sont également entourées d'un double étage de portiques. Cet hospice, régi par une excellente administration, renferme 2000 lits. Il est très-richement doté, et reçoit les malades ou envoie des secours en ville, sur un simple billet des curés de paroisse.

L'ancien cimetière de cet hôpital est encore un objet de curiosité par la magnificence qui le distingue des cimetières ordinaires. C'est une rotonde en galerie, sous les pavés de laquelle on enterrait les morts de l'hospice. Elle entoure un terrain gazonné qui n'a jamais été consacré au même usage. Une colonnade de granit, ouverte à jour sur ce joli tapis vert, forme la façade intérieure de la galerie. Dans le milieu du terrain s'élève une église isolée, qu'on m'a dit

VILLE DE MILAN.

être une paroisse ; sous les Français, c'était le Panthéon des grands hommes.

Près de la promenade du Cours, hors de la porte orientale, on voit un enclos à 4 façades, orné de portiques. C'est un ancien lazaret : il n'est curieux que par son immensité. On porte ses dimensions à 1200 toises dans un sens, et 1190 dans l'autre. Commencé par Louis-le-Maure, il fut terminé par les ordres de Louis XII.

On peut voir quelques autres musées de peinture et de sculpture dans cette ville, qui en renferme aussi un d'histoire naturelle, où nous avons remarqué les squelettes d'une baleine, d'un éléphant, d'un rhinocéros, d'un dauphin et de divers autres fossiles, trouvés aux environs de Castel-Arquato, par le chevalier Cortesi. (*V. ma* 1ere. *route de Paris à Florence*, *page* 113.)

Plusieurs palais de Milan possèdent de belles collections de tableaux des diverses écoles d'Italie, et particulièrement de l'école lombarde. Il est peu de ces palais qui soient véritablement remarquables par eux-mêmes; aussi ne portent-ils que le modeste nom de *casa* (maison), au lieu de celui de *palazzo* (palais), dont se qualifient toutes les belles maisons à porte cochère de

Florence, Gênes, Rome et autres villes d'Italie. Le palais ducal, dont la façade occupe tout un côté de l'irrégulière place du Dôme, n'a point d'extérieur; mais il renferme de beaux appartemens, notamment le sallon des caryatides, et de beaux tableaux. Les maisons particulières les plus remarquables sont : la *casa Litta*, la *casa Belgioso*, la *casa Marino*, la *casa Viscomti*, la *casa Castelli*.

Sur sept ou huit théâtres, tant grands que petits, celui de la *Scala*, le plus vaste de l'Italie, soit avant, soit après celui de Naples, auquel il dispute le premier rang, sinon pour la beauté, du moins pour la grandeur des proportions, est le seul qui présente quelque architecture, et seulement du côté de la façade. Le vestibule qui en forme l'entrée, forme aussi, avec la terrasse qui est au-dessus, l'unique ornement de cette façade. Dans l'intérieur, la salle est entourée de 276 loges, placées sur six rangs de hauteur. Beaucoup plus nombreuses que celles de nos principaux théâtres, elles sont aussi beaucoup plus grandes, ce qui fait juger de l'immensité de la salle. Ce sont autant de petites chambres qui se convertissent, tantôt en salles à manger où l'on soupe, tantôt en sallons où l'on joue, cause et reçoit les visites qui se font d'une loge à l'autre. Un joli rideau de soie, et de couleur ordinairement verte, en soustrait, quand on veut, l'intérieur aux regards du public. Une table de jeu y remplace la table du souper : les domestiques sont là pour être à portée de servir; ainsi l'on soupe et l'on joue au théâtre comme chez soi.

De pareils spectateurs prennent un bien faible intérêt au spectacle ; aussi ne fixe-t-il leur attention qu'au moment de quelque ariette de préférence. Il y a tel habitué qui ressortirait sans savoir la pièce qu'on a jouée, s'il n'en était instruit d'avance, par l'usage où l'on est en Italie de donner la même pièce pendant un mois, ce qui fait qu'on n'écoute que le premier jour. Pendant tout le reste du mois, on ne va au spectacle que pour causer, souper, intriguer et jouer. Ce n'est rien au surplus que le jeu des loges : c'est un simple passetemps de famille, un vrai jeu de société; mais un plus vaste champ était ouvert aux amateurs, dans une salle attenante à celle du spectacle : elle a été heureusement fermée par le Gouvernement autrichien. C'est là que les joueurs de profession couraient tous, ou faire ou perdre leur fortune. Le jeu est la ressource ordinaire des personnes et des contrées qui n'en ont point d'autres ; mais la riche et belle Lombardie, berceau des arts modernes, paradis terrestre de l'Italie, est-elle réduite à cette pénurie d'occupations et de jouissances!

Les arts, les sciences et les lettres, protégés jadis à Milan par les Viscomti, comme ils l'étaient à Florence par les Médicis, n'y sont pas aujourd'hui aussi cultivés qu'on pourrait le croire : l'école lombarde, dont cette ville fut le chef-lieu et Léonard de Vinci le fondateur, n'a fourni depuis long-temps que peu d'ouvrages et peu d'artistes dignes d'être cités. Il faut excepter, de nos jours, les peintres Appiani et Bassi, et surtout le sculpteur Bosio.

Dans la longue liste des hommes célèbres dont M. de Lalande fait honneur à cette ville, on s'étonne de ne trouver ni les Viscomti, ni les Sforce, ni les Trivulce. On y trouve en revanche un grand nombre d'hommes obscurs, au milieu desquels brille, comme un astre au sein des nuits, l'illustre auteur des délits et des peines, Beccaria. Il en est peu d'autres qui jouissent d'une réputation vraiment européenne : ce sont des savants et écrivains du second ordre, qui ont rendu aux sciences et aux lettres quelques services secondaires comme eux, et dont la renommée n'a guères passé les monts.

Toutefois je dois en excepter les deux auteurs latins Cæcilius Statius et Virginius Ruffus, cités honorablement, le premier par Aulu-Gelle, le second par Quintilien ; j'excepterais encore l'historien Valère-Maxime, si toutefois il est de Milan, comme le pense le savant Alciat, que j'excepterai de même parmi les auteurs modernes, bien qu'il ne soit point natif de Milan même, mais d'un village voisin. J'excepterai encore, parmi les modernes, le mathématicien Cavalieri. J'excepterai enfin pour l'honneur du beau sexe, la célèbre et savante mathématicienne *Agnesi*, auteur d'un traité sur l'analyse, qui lui a mérité une chaire de professeur de mathématiques à l'université de Bologne, et j'ajouterai, de mon chef, à cette honorable liste, la savante comtesse Clélie Borrhomée, qui possédait toutes les sciences avec toutes les langues, et la signora Manzoni, qui avait le titre de poétesse de l'impératrice, au temps du voyage du président de Brosses. Elles ont fleuri toutes les trois vers le milieu du siècle qui vient de s'écouler.

De nos jours, cette ville possède plusieurs savans, notamment l'abbé Amoretti, à qui je dois des notes précieuses, indépendamment de celles que j'ai puisées dans sa description de Milan et dans son voyage aux trois lacs.

Elle avait acquis, sous la dernière domination française, une importance commerciale qui avait élevé rapidement à 150,000 âmes sa population, arrêtée auparavant et depuis assez long-temps à 120,000. Son commerce, qui a pris la même extension que les États dont elle était la capitale, et en quelque manière l'entrepôt, consiste dans des fabriques de crêpes renommées et dans les riches produits du Milanais, qui sont le froment, le blé de Turquie, le riz, la soie et les fromages de Lodi, dont l'entrepôt est à Milan et non à Parme, quoique le nom de *Parmesan* qu'on lui donne dans le commerce, semble autoriser l'opinion contraire ; mais cette opinion est une erreur.

Un double canal qui lui ouvre le double débouché du Tésin et de l'Adda, lui remplace les avantages d'une rivière navigable, avantages trop souvent achetés par le danger des inondations. Ces deux canaux se réunissent sous ses murs, et les entourent dans leur circonférence de plus de deux lieues. L'enceinte extérieure qui embrasse les faubourgs, et que dessinent les boulevards, est de plus de trois lieues.

VILLE DE MILAN.

Cette enceinte forme la plus grande ville de l'Italie après Rome, qui n'est pas plus peuplée, quoique bien plus étendue. La population de Milan, sujette à varier comme sa situation politique, n'est arrivée, de nos jours, qu'à la moitié de celle qu'elle avait acquise sous les Viscomti, et qu'elle conserva jusqu'à la fin du 17e. siècle, époque du voyage de Misson, qui la fixe positivement à 300,000 âmes.

Le caractère, les mœurs, les usages des Milanais, nous ont offert peu de traits remarquables : presque tous les voyageurs parlent de leur douceur, de leur affabilité, même de leur hospitalité; quant à moi, si je les jugeais sur mes premières observations, je les tiendrais pour le peuple le plus intéressé, et le moins hospitalier de toute l'Italie; cependant de nouveaux séjours faits dans cette ville, m'ont offert tant d'exceptions, que je les aurais volontiers confondues avec la règle, si je ne l'eusse trouvée toujours en pleine vigueur dans le reste du Milanais, où les accueils m'ont paru tellement calculés et gradués sur l'intérêt, qu'ils m'ont servi en quelque manière d'échelle de proportion, pour juger du plus ou moins de besoin qu'on croyait avoir de moi, et cela bien plus sûrement que dans le reste de l'Italie, où règne bien plus, que dans le reste de l'Europe, le même esprit d'intérêt et de flatterie. Le tableau que font plusieurs auteurs de l'extrême aménité des habitans de la Lombardie, ressemble beaucoup à celui que fait le Tasse des bons Tourangeaux :

> *La terra molle e lieta e dilettosa*
> *Simili a se gli abitator produce.*
> Ces bords voluptueux, rians et fortunés,
> Enfantent des soldats comme eux efféminés.
> *Jérus. dél. Traduct. de Lormian*, 2e. édit.

On est à peu près convenu d'attribuer la fondation de Milan aux Gaulois, conduits en Italie par Bellovèse, qui, en s'établissant avec les siens dans cette contrée, lui donna le nom de *Gaule Cisalpine*. Cette invasion est fixée par les historiens au temps de Tarquin l'ancien, 590 ans avant J.-C.

Dans sa durée de 25 siècles, la ville de Milan a successivement appartenu aux Gaulois, aux Romains, aux Ostrogoths, aux Lombards, aux Autrichiens, aux Français, rarement à elle-même, et son indépendance a toujours été de peu de durée. Elle a subi plus de révolutions qu'aucune des autres villes de l'Italie, depuis Marcellus, qui, ayant subjugué les Insubricus 222, ans avant J.-C., la prit et la fortifia, jusqu'aux Autrichiens et aux Français, qui se la sont disputée et enlevée tour-à-tour, pendant près de quatre siècles. L'aigle y a flotté alternativement pour l'empire romain, pour l'empire germanique et pour l'empire français.

Le fameux Vitigès la dévasta en 539, au point qu'il y périt, dit-on, 300,000 âmes par le fer ou par la faim, et le non moins fameux Barberousse la ruina de fond en comble en 1162. On ne tarda pas à la rebâtir ; mais depuis elle n'a cessé d'être le théâtre des guerres et des dissensions, soit étrangères, soit intestines: et de là vient le proverbe des Italiens, qu'il faudrait ruiner Milan pour le bien de l'Italie.

« Pour peu qu'on se rappelle, dit Grosley, les désastres de cette grande ville, pillée, saccagée, renversée successivement par les Huns, par les Lombards, par les successeurs de Charlemagne, par les empereurs de la maison de Souabe, souvent ruinée par ses divisions intestines, par ses entreprises, et par ses expéditions malheureuses, on sera porté à féliciter ses habitans actuels, et sur la tranquillité dont ils jouissent, et sur leur humeur pacifique. »

Cette ville offre aux habitans comme aux étrangers, tous les plaisirs et toutes les commodités de la vie : nombreux spectacles, bals et concerts, cabinets littéraires, cafés, belles et bonnes auberges, traiteurs à la carte, bains publics, etc. Elle doit la plus grande partie de ces avantages au séjour qu'y ont fait les Français.

L'excursion la plus intéressante à faire dans les environs de Milan, et la première qu'on propose aux voyageurs, est celle des îles Borrhomées que nous avons déjà vues et décrites en arrivant par la route du Simplon. (*Voyez page* 102). Peu d'années avant de les visiter ainsi, en courant la poste sur cette route, j'avais fait l'excursion, de Milan même, avec quelques amis; et c'est alors qu'ayant couché au château, et séjourné dans chaque île tout le temps nécessaire, je recueillis les notes qui ont servi de matériaux à ma description.

De ce lac, nous nous rendîmes, en passant près de celui de Varèse, d'abord à la ville de ce nom, remarquable par un beau palais, et par une montagne voisine, fameuse comme lieu de pélerinage, sous le nom de *Madona del Monte*, ensuite au lac de Côme, qui, un peu moins grand que le Lac-Majeur, ne le cède en intérêt qu'à celui de Genève. La ville de Côme, située à l'une de ses deux extrémités méridionales (1), est intéressante par la

---

(1) Il se divise, comme on sait de ce côté, en deux grands bras qui ressemblent plutôt sur la carte à deux jambes.

beauté de ses rues, de ses places, et de sa cathédrale revêtue de marbre. L'œil scrutateur de M. Millin a découvert au milieu de la façade gothique de cette église, une statue de Pline le jeune, qui avait échappé deux fois à mon attention, à laquelle, il est vrai, personne ne l'avait signalée, soit qu'on l'ignorât dans le pays, soit qu'on n'attachât aucun intérêt à cette circonstance. M. Millin ajoute qu'elle était accompagnée de bas-reliefs, dont les sujets sont relatifs à ses écrits, et que, de chaque côté de la grande porte, on lit des inscriptions en son honneur. Une statue d'un auteur payen, des reliefs et des inscriptions en son honneur, sur le frontispice d'un temple chrétien, sont des particularités assez extraordinaires, pour mériter au moins quelques réflexions de l'auteur qui les raconte ; M. Millin n'en fait aucune, en n'en parlant que comme d'une chose toute naturelle.

Plusieurs riches habitans, et ce qui vaut encore mieux, plusieurs hommes instruits, plusieurs amateurs en tout genre, plusieurs collections de tableaux de diverses écoles d'Italie, des cabinets de physique et d'histoire naturelle, des jardins riches en plantes étrangères, et une bibliothèque publique, tels sont les meilleurs titres de cette ville à l'intérêt des voyageurs. Elle a vu naître le poète Cælius, l'historien Pline le jeune, l'historien Paul Jove, et le pape Innocent II. Sa population est de 15,000 âmes. Son principal commerce consiste dans la soierie et les lainages, et son principal agrément dans les maisons de campagne qui décorent ses rians environs.

Satisfaite de ce coup-d'œil, et d'une courte promenade sur le lac, la société dont je faisais partie voulut regagner Milan, et m'entraîna. Nous partîmes sans voir la fameuse *Pliniana*, maison de campagne intéressante, et par elle-même, et par le souvenir de Pline, et par le phénomène de la fontaine intermittente. Je ne partis qu'avec le projet de revenir.

En retournant à Milan, nous visitâmes, dans la petite ville de Monza, la belle cathédrale gothique où est déposée la célèbre couronne de fer, ainsi nommée, quoique ce soit une couronne d'or, parce qu'elle a dans l'intérieur un cercle de fer, qu'on dit être un des clous de la croix, comme on dit aussi qu'elle servait à couronner les rois lombards. Elle servit de même au couronnement des empereurs d'Allemagne, depuis Henri IV qui fut le premier, jusqu'à Charles-Quint qui fut le dernier.

Buonaparte, pour donner en 1805 plus de solennité à son couronnement, comme roi d'Italie, et sans doute aussi plus de stabilité à son règne, fit ressortir du trésor de la basilique de Monza, cette antique couronne des rois, et la posa lui-même sur sa tête, en disant : *Dieu me la donne, gare à qui la touche*. Le renouvellement de cette cérémonie ne fut pas plus heureux que ces paroles chevaleresques ne furent prophétiques. Il en fit la devise de l'ordre de la couronne de fer, qu'il créa à cette occasion. *Dio mi la diede, guai a chi la tocca*.

Avant de quitter cette église, les curieux doivent voir ce qui reste encore des précieux dons de la reine des lombards, Théodelinde, et avant de quitter Monza, le palais qu'y possédaient les ducs de Milan. Il est bien moins remarquable que son parc et ses jardins, bien moins remarquables eux-mêmes que ceux de nos maisons royales. Des terrasses de ce parc, on jouit d'une vue étendue, qui se prolonge jusqu'à la chaîne des Alpes, et se repose agréablement, dans l'intervalle, sur le *Monte Brianzo*, jolie colline où sont réunies les principales maisons de campagne des habitans de Milan, et les principaux vignobles du Milanais.

Etant retourné à Milan quelques années après, j'ai fait de nouveau le voyage de Côme, et m'y suis embarqué sur le lac pour en visiter les intéressantes rives. Elles ne ressemblent ni à celles du lac de Genève, si j'en excepte les rochers de Meilleraie, qui forment sur ce point un véritable accident, ni à celles du Lac-Majeur, du moins dans la partie que j'en ai vue, ni à celles de tous les lacs que je connais, soit en Suisse, soit en Italie. Ces rives du lac de Côme sont des montagnes, et ces montagnes sont aussi escarpées que verdoyantes. Sur leurs flancs bocagers, d'une nature tout-à-fait sauvage et romantique, brillent çà et là, au milieu des rochers et de la verdure, quelques maisons de plaisance isolées et pittoresques, comme le site même. Mais le principal objet de ma curiosité était la maison de plaisance qu'on a mal-à-propos baptisée *Pliniana*, puisqu'il ne paraît point qu'aucune des deux maisons que possédait Pline sur les deux bords de ce lac, fût située en cet endroit. Paul Jove nous apprend qu'on la nommait de son temps *Pluviana*.

Ce palais, bâti en 1570 par Anguissola, l'un des quatre habitans de Plaisance qui jetèrent

Pierre-Louis Farnèse par une fenêtre, est situé de la manière à la fois la plus extraordinaire, et la plus gracieuse, dans une partie très-escarpée de la montagne orientale, et peu au-dessus des bords du lac, sur lequel elle est comme suspendue. Il appartenait, lorsque je l'ai visité en 1807, à un très-aimable particulier de Milan, qui m'y a fait, avec beaucoup de grâce, les honneurs de son ermitage, et m'en a montré lui-même tous les embellissemens, dont le principal est la fontaine intermittente, à laquelle ce lieu doit toute sa célébrité. J'en ai trouvé la description si exacte et si agréable dans le Voyage aux trois lacs, (*Viaggio ai tre laggi*) de l'abbé Amoretti, que je vais me borner à la traduire ici littéralement, en la resserrant autant que je pourrai, par les abréviations dont elle sera susceptible.

« L'eau de la fontaine court en écumant dans le milieu du palais; à côté est une très-haute et très-belle cascade. Les lauriers et les cyprès toujours verts, mêlés aux châtaigniers, aux hêtres et aux peupliers, d'un côté; aux arbres fruitiers, aux mûriers et aux vignes, de l'autre, embellissent la scène. (1) Mais ce qui

---

(*) Il me semble qu'elle n'est pas moins embellie par les oliviers et les orangers, qu'on y cultive en pleine terre.

intéresse surtout le curieux, le naturaliste et le physicien, est la fontaine, dite la *Pliniana*, non qu'elle ait appartenu à Pline; mais parce qu'elle a été rendue fameuse par les deux célèbres écrivains de ce nom, et décrite par le jeune, dont on lit la lettre en latin et en italien, dans le vestibule de la fontaine même.

» On voit qu'au temps de cet auteur, l'eau sortait fraîche et limpide, dans un bassin naturel de dessous un rocher, qu'elle croissait visiblement pendant quelques heures, et s'abaissait ensuite; mais ne tarissait jamais : il en est de même aujourd'hui.

» Pline l'ancien dit, qu'elle croît et diminue à chaque heure, et Pline le jeune, que le phénomène se répète régulièrement trois fois le jour. Comme l'intermittence donnait à cette fontaine de l'analogie avec le flux et reflux de la mer, les anciens lui assignèrent la même origine. Il est pourtant facile d'observer qu'ici l'accroissement et le décroissement n'ont aucun rapport avec la lune; mais bien avec les heures du jour, quand la saison est régulière. »

Après avoir cité les explications de divers auteurs qu'il réfute, et dont il en est un qui attribue ce phénomène à la cascade voisine, M. Amoretti continue :

« Moi qui, ayant passé quelques mois dans

ce voisinage, visitais la *Pliniana* quasi journellement, j'observai que, dans les sécheresses de l'été, la cascade était tout à fait à sec, et que cependant le phénomène avait toujours lieu. J'observai en outre que les mouvemens de l'eau avaient une parfaite relation avec le vent ; quant il est fort et soutenu, l'accroissement de la fontaine dure plus long-temps, et si l'air est tout-à-fait calme, elle ne s'altère nullement. Il paraît donc certain que le vent produit cette espèce de flux et de reflux. »

Nous ne suivrons pas le savant physicien dans les détails, les observations et les expériences par lesquelles il appuie son système, basé tout entier sur l'existence de divers trous ou puits naturels, ouverts sur la cime et pénétrant dans le cœur de la montagne qui domine la Pliniana. Il en compta jusqu'à 5, et s'étant introduit dans l'un d'entre eux, il reconnut un récipient intérieur où se rendaient les eaux. Cela posé, voici comme il explique le phénomène.

» Qu'il y ait un ou plusieurs récipiens d'eau correspondant aux bouches supérieures, le vent qui souffle, comprime l'eau perpendiculairement, et la pousse avec plus d'abondance dans les canaux invisibles qui la portent à la fontaine. Quand le vent cesse, l'eau se remet à son niveau; mais quand un vent violent a soufflé longuement, la fontaine reste sans altération, parce que le récipient a été trop longtemps à sec, et l'espace de temps ordinaire ne suffit pas pour le remplir de nouveau. »

Nous conviendrons, avec M. Amoretti, que si cette explication ne satisfait pas pleinement, comme il en fait l'aveu, c'est au moins celle qui paraît souffrir le moins de difficultés.

Il nous serait agréable d'achever de parcourir, avec cet écrivain, les bords du beau lac qui faisait le charme des deux Plines. Mais nous nous sommes déjà laissés entraîner peut-être au-delà de nos limites, en le suivant dans l'ingénieuse explication qu'il nous donne du phénomène signalé par ces deux auteurs romains, sans lesquels cette fontaine intermittente n'aurait pas eu plus de célébrité que tant d'autres. L'abbé Amoretti en mentionne un grand nombre dans cette partie de l'Italie, et nous en avons nous-mêmes fait connaître plusieurs à nos lecteurs dans le cours de nos voyages.

Nous avons vu la Pliniana, hâtons-nous de regagner Milan, pour terminer le tableau de cette ville et de ses environs, par la description du fameux écho de la *Simonetta*, qui serait un autre genre de phénomène non moins curieux, s'il n'était dû à l'art, circonstance qui ne le rend que plus extraordinaire. La Simonetta, maison de campagne située à une demi-lieue de Milan, et appartenant à une famille de ce nom, est célèbre par cet écho qui répète les sons, non trente fois, comme le dit M. Millin, mais à l'infini. C'est un chef-d'œuvre, et en même-temps un mystère d'acoustique qui, inconnu de tout autre que de son inventeur, celui qui a fait construire la maison, n'a pu être encore imité, ni expliqué, au moins d'une manière satisfaisante.

Le bâtiment se déploie sur trois ailes, autour d'une cour carrée : c'est à une fenêtre ouverte dans l'une des ailes latérales, en regard de l'aile correspondante, qu'on se place pour interroger l'écho. Il ne répète que la dernière syllabe, mais il la répète sans cesse, jusqu'à ce que le son, allant toujours en décroissant, finit par s'éteindre, comme une voix mourante. Il est évident que plus le son est fort, plus il est répété. C'est pour cette raison qu'on emploie de préférence le pistolet. Le coup se répète avec tant de vitesse qu'on a de la peine à compter. Il est difficile de distinguer les derniers sons, qui s'affaiblissent au point de n'être plus entendus.

Le territoire renferme nombre d'autres maisons de campagne, dont la plus belle est celle de Lenate, appartenant à la famille Litta, et renommée surtout par le jeu varié à l'infini de ses belles eaux.

FIN DE LA DESCRIPTION DE LA VILLE DE MILAN.

COMMUNICATION
DE GENÈVE A LAUSANNE,

FAISANT PARTIE D'UNE 2ᶜ. ROUTE DE PARIS
A LAUSANNE.

12 lieues.

lieues.

§. 1ᵉʳ. *De Genève à Nion.* 5

ON sort de Genève par la même porte par laquelle nous y sommes entrés en arrivant de Paris, et l'on parcourt, le long de la rive septentrionale du lac, une route charmante, au milieu des maisons de campagne, des jardins et des bosquets qui ne règnent pas moins sur cette rive que sur l'autre. Le joli château qu'on laisse à droite, à une portée de fusil de la route, et à une demi-lieue de Genève, appartenait, lors de mon dernier passage, à la princesse Joséphine.

Vers le tiers de la distance on trouve Versoi, jadis ville, aujourd'hui simple bourg, dont on a voulu faire une ville nouvelle, dans le siècle dernier. On voit les commencemens de cette ville et d'un port entrepris par Louis XV.

Cette langue de terre était pour la France comme une fenêtre qu'elle semblait s'être reservée sur le beau lac de Genève. Elle y a renoncé dans ses nouvelles délimitations, et Versoi fait partie de la république genevoise. Ce bourg, traversé par une rivière de même nom, qui prend sa source à Gex, possède une manufacture remarquable de lampes, lustres et ustensiles vernis, établie sous les auspices de Louis XVI, par M. Ami Argand. Elle appartient aujourd'hui à M. Bordier, son successeur. C'est le seul atelier de cette nature que j'aie vu dans mes voyages.

Une lieue plus loin est la ville de Coppet : remarquable par sa position au bord du lac, comme Versoi, elle l'est encore par le château de Mme. de Staël, qui renferme le tombeau de M. et Mme. Necker. C'est tout ce qu'on peut dire de Coppet, dont l'extérieur, l'intérieur et la population ont bien de la peine à soutenir le titre de ville.

Après Coppet, les maisons de campagne sont plus clairsemées et plus écartées de la route, qui s'écarte peu elle-même des bords du lac : on distingue dans le nombre le château de Trand, appartenant à M. Saladin de Genève.

Nion est une ville ancienne et mal percée; mais assez bien bâtie. Elle est en amphithéâtre sur le lac, ce qui en rend les rues fort escarpées, et le site très-pittoresque. La route que nous suivons passe dans le faubourg, entre le bas de la ville et les bords du lac. Elle s'y embranche avec celle de Paris à Lausanne par Saint-Cergue. Cette ville, peuplée de 2500 habitans, a un vieux château sur le haut de la colline : c'est l'ancienne habitation des baillis de Berne. Elle a aussi une belle promenade et une manufacture de porcelaines. On m'a beaucoup parlé dans cette ville de ses antiquités ; mais on ne m'y a montré qu'une tour de César, qui n'est certainement ni de César ni d'aucun des siens, à moins que les Romains n'aient eu une autre manière de bâtir en Helvétie, que dans l'Italie, dans les Gaules, dans les îles Britanniques et dans le reste de l'Europe, ainsi que dans l'Asie et l'Afrique. Leurs constructions diffèrent tout-à-fait des bâtisses modernes, dont ne diffère nullement cette prétendue tour romaine.

Je n'entends pas dire pour cela, qu'il n'y a point d'antiquités à Nion ; mais seulement que je n'en ai point vu, et que la tour de *César* n'en est point une. On y a découvert quelques antiques, tels que médailles, urnes, inscriptions, etc. ; mais on ne m'y en a point montré. J'entends encore moins contester l'antiquité de cette ville, dont l'origine est attribuée, par les unes à César, par les autres aux Phocéens. La colline de Nion, cultivée en vignes dans les parties les plus escarpées, produit d'assez bons vins. Pendant quelques années, cette ville, quoique toujours suisse, a été un lieu de relais pour la route de Paris à Genève, et la France y salariait un maître de poste.

	Lieues.
§ 2. *De Nion à Rolle*.	2
§ 3. *De Rolle à Morges*.	3

Même genre de pays ou plutôt de paysage, toujours au bord du lac, toujours au pied ou non loin des collines cultivées en vignes, prairies et vergers qui forment les bases du Jura, dont les noires croupes règnent sur la gauche, en s'éloignant toujours du lac de Genève, pour aller vers le nord, border celui de Neufchâtel.

Au bout d'un quart-d'heure, on laisse à une portée de balle, à gauche, le chemin de Prangins, propriété de Joseph Buonaparte. Rolle est un joli bourg composé d'une large rue, et peuplé d'environ 1200 habitans. Une lieue plus loin, près de l'embranchement de la route de Neufchâtel, est le grand et beau château d'Allamand, flanqué, aux quatre angles, de quatre tours carrées; il appartient à M. Selon.

Un quart de lieue plus loin, on remarque à peu de distance à gauche, la jolie Rotonde de la Gordanne, avec un péristyle couronné d'un fronton grec. J'ai cru y voir une imitation en miniature du Panthéon de Rome. Un château d'une forme si nouvelle, inspire aux voyageurs la curiosité d'en voir l'intérieur, qu'on dit aussi beau que l'extérieur, et ils sont dans l'impossibilité de la satisfaire, à moins que la consigne rigoureuse donnée par M. Doyen, propriétaire et fondateur de cette jolie retraite, n'ait été, comme on me l'a dit, levée depuis mon passage.

Morges est une petite ville composée de deux rues larges et parallèles, dont la principale sert de passage à la route ; l'autre borde le lac. Cette ville, peuplée de 2000 habitans, est très-commerçante, ce qu'elle doit à un port assez spacieux, fermé de murs, avec un quai et des halles, qu'y fit contruire le gouvernement bernois. Cet ouvrage mérite d'être vu, ainsi que la charmante église moderne qui s'élève à la sortie de la ville, au milieu d'une petite promenade en terrasse sur le lac.

lieues.

§ 4. *De Morges à Lausanne*. . . . . 2½.

Le pays devient paysage plus que jamais : la

route, ici, toujours riante et encore plus variée, borde immédiatement le lac, dont elle est séparée ailleurs par quelques tapis de prés et de vergers, auxquels viennent se mêler par fois les vignobles renommés de la Côte, qui règnent sur notre gauche depuis et même avant Rolle. Cette renommée, au surplus, ne sort pas de l'enceinte des cantons. Les vins de la *Côte* Helvétique sont blancs et quelquefois assez agréables ; mais la supériorité de ceux de la *Côte* de France ne leur permet point de passer le Jura.

Avant de gravir la montée qui va nous conduire à Lausanne, je vais transcrire ici la courte et gracieuse description que fait le Voyageur français de cette rive du lac:

« Le vent agitait à ma droite les pampres du vignoble renommé de la Côte ; et sur ma gauche, il roulait à mes pieds les vagues argentées de ce paisible et limpide océan. Ce même souffle dirigeait de mon côté des courans d'air, parfumés de tous les baumes des Alpes et du Mont-Jura. A chaque instant une source semble s'ouvrir sous vos pas, et court, à travers le sable le plus pur, porter au lac son tribut en hommage. Le Rhône arrive des sommets du Saint-Gothard, et vient enrichir de ses eaux l'immense bassin qu'elles renouvellent. Qu'il est doux de voguer sur ce grand lac, et, du centre de ce beau canal, de jouir à la fois de la vue des deux rives ! L'œil aime à parcourir, à détailler ces coteaux, à se reposer sur ces plaines, à promener ses regards sur ces lieux favorisés, où l'art n'ajoute que la propreté à la nature, la commodité aux agrémens, et la culture à la fécondité. Genève, qui est au-dessus, se présente en amphithéâtre, et domine sur toute la campagne. Plus loin, vous voyez une perspective, charmante par sa variété, et bornée par des montagnes où l'œil prend plaisir à se reposer. Leur aspect agreste et sauvage fait un contraste agréable avec le paysage cultivé qui est au-dessous. Ici ce sont des collines couvertes d'épis dorés ; là des vignes en pente, soutenues par des rochers qui réfléchissent les rayons du soleil et en augmentent la chaleur. Les bords du lac offrent de toutes parts des prairies couvertes de troupeaux, où l'eau serpente sur un lit de fleurs et de verdure qu'elle arrose et qu'elle embellit. Cerès moissonne, Pomone recueille, Bacchus vendange dans le même champ, environné de maisons champêtres et riantes, qui toutes annoncent l'aisance, et concourent à la décoration générale du pays. Du bas de ces rives charmantes, la vue remonte de tableaux en tableaux, de montagnes en montagnes, d'enchantement en enchantement, jusqu'aux cimes glacées des Alpes ».

J'ai cru ne pouvoir mieux couronner la communication de Genève à Lausanne, que par ce tableau brillant et animé de l'abbé de Laporte, ne fût-ce que pour venger cet aimable écrivain de la défaveur non méritée où est tombée son ouvrage. (*V. pour la ville de Lausanne, la* 1re *route de Paris à Lausanne*).

FIN DE LA COMMUNICATION DE GENÈVE A LAUSANNE.

COMMUNICATION
DE LAUSANNE A SAINT-MAURICE,

FAISANT PARTIE D'UNE ROUTE DE PARIS A MILAN PAR BESANÇON ET PONTARLIER.

11 lieues.

                                  lieues.

§ 1er. *De Lausanne à Vevai*.   4

Les commencemens de cette route, ouverte à travers les vignobles qui tapissent le sol aride de la pente méridionale du Jorat, ne sont pas aussi agréables qu'on pourrait s'y attendre, parce que, recevant les rayons directs du midi, elle est resserrée entre des murs de clôture qui contribuent, par leur réverbération, à la rendre plus brûlante pendant l'été, et qu'aucun ombrage n'y tempère les ardeurs du soleil. Ces murs soutiennent et garantissent les vignobles qui produisent les vins renommés de la Vaux.

L'aspect du lac et des rochers qui le bordent sur l'autre rive, est le seul dédommagement offert au voyageur ; mais cet aspect, toujours le même, dégénère en uniformité (1).

---

(1) Comme chacun voit à sa manière, voici celle dont

On traverse plusieurs villages, et les deux petites villes de Lutry et de Cully, peuplées chacune de 1000 à 1200 habitans, avant celle de Vevai, située, comme elles, sur le bord du lac, et rendue célèbre par l'Héloïse de Rousseau. Bien bâtie et assez bien percée, elle a un air d'aisance et de propreté qui en fait une des plus agréables villes de la Suisse. La rue par laquelle on la traverse, parallèlement au lac, a un quart de lieue de long. Vevai offre aux voyageurs deux charmantes promenades, l'une au bord du lac, l'autre près de l'église, au-

---

s'exprime l'Anglais William Coxe, sur la même partie de route :

« Cette route est vraiment délicieuse; le chemin serpente sur le penchant des montagnes, bordé sans cesse par de superbes vignobles. L'industrie des Suisses n'est nulle part plus remarquable; en vain la montagne décharnée offre souvent à nu les faces escarpées du rocher qui la forme; on a su naturaliser la vigne sur ses pentes arides, en les chargeant d'un revêtement de terres rapportées, soutenues de distance en distance par de petits murs secs qui s'élèvent en amphithéâtre depuis les rives du lac jusqu'à la crête des coteaux ».

Cette différence de manière de voir ne pourrait-elle pas provenir de la différence des saisons? J'ai parcouru cette route dans une journée brûlante d'été, et M. Coxe dans une belle journée d'automne.

dessus de la ville. On y jouit d'un magnifique point de vue, à droite sur le lac, et à gauche sur le Valais, jusqu'aux crêtes supérieures des Alpes. Cette ville fait un grand commerce, par le fréquent abord des Savoyards, des Valaisans et des montagnards, qui vont y échanger leurs denrées. C'est le principal entrepôt des fromages de Gruyère, principal produit du canton de Fribourg. Elle est peuplée d'environ 4000 habitans, sans y comprendre la petite ville de la Tour du Peil qui en a 1000; on la traverse presqu'au sortir de Vevai, dont elle semble être un faubourg.

lieues.

§ 2. *De Vevai à Villeneuve.* 2

On continue à cotoyer le lac. La route en suit toutes les sinuosités; les coteaux de vignes qui le bordent, offrent ici moins de murs de clôture, plus d'ombrage et plus de variété.

Après une lieue de marche, on voit, au milieu d'une jolie gorge, s'élever, sur une terrasse de vignes, l'agréable et modeste château de Clarens, qui rappelle à l'amateur de l'Héloïse des idées si douces, et un peu plus loin, au bord et jusque dans les eaux même du lac, le donjon gothique de Chillon, qui lui en rappelle de si tristes. (*Héloïse*, 6e. *partie*, *lettre* 9.) Ce donjon bâti sur un récif, par Pierre de Savoie l'an 1238, passait pour imprenable avant la découverte de l'artillerie. Il servait de boulevard, contre les Suiss, aux ducs de Savoie, dans le temps qu'ils étaient maîtres du pays de Vaud.

Villeneuve est une petite ville de 1500 habitans, située au bord et à la naissance du lac, non loin de l'embouchure du Rhône, position qui lui procure de l'agrément et quelque commerce. En face, s'élève, au milieu, des eaux du lac une île artificielle, couverte d'arbres et très-pittoresque : c'est l'ouvrage d'un amateur. Les bourgeois de la ville y font des parties de plaisir.

lieues.
§ 3. *De Villeneuve à Bex.* 4

En quitant Villeneuve et les bords du lac, on entre dans une belle plaine qui s'étend entre de rians coteaux de vignes et la rive droite du Rhône. C'est le meilleur sol de la Suisse. Les champs y produisent annuellement de 9 à 10 pour un. Ils sont bordés de haies vives, de beaux noyers, d'arbres fruitiers et entremêlés de vergers et de prairies. A mi-chemin, on traverse le bourg d'Aigle, connu par ses marbres, dont on voit deux scieries avant d'arriver : elles sont près du village de Roche. L'un de ces moulins fait mouvoir jusqu'à 7 lames qui partagent les blocs en autant de plaques (1) : le marbre est d'une qualité médiocre. Le pays avait autrefois des salines ; elles sont abandonnées depuis le nouvel établissement de Bex.

C'est le nom d'un des plus jolis villages de la Suisse, comme le pays qu'il occupe en est un des plus riches et des plus agréables. Il est fréquemment visité des voyageurs à cause de ses fameuses salines, et ils y trouvent une excellente auberge où l'on est tout étonné de rencontrer presque habituellement une table d'hôte nombreuse et très-bien composée. Elle est vantée avec raison dans l'Itinéraire de M. Bourrit comme la meilleure de la Suisse, tant sous le rapport de la bonne tenue et de la propreté, que de l'extrême honnêteté des hôtes, qualité qui ne distingue pas tous ses confrères dans les cantons helvétiques : très-riches la plupart, ils livrent à un garçon ou sommelier leurs voya-

---

(1) Ce nombre de 7 lames me parut extraordinaire, avant d'avoir vu les scieries de marbre de Laval, où des mécaniques plus ingénieuses font mouvoir jusqu'à 18 lames, placées horizontalement.

geurs, qu'ils ne voient guères qu'au moment du paiement ou du repas, lorsqu'ils leur font l'honneur de manger avec eux. « Il n'y a pas un aubergiste en Suisse, dit Ramond, qui ne croie valoir plus que ses hôtes. » C'est ce qu'il m'a été facile de juger au ton de froideur et de fierté de la plupart d'entre eux.

La situation délicieuse de Bex dans la plaine du Rhône, à peu de distance de ce fleuve et au pied de jolies collines entremêlées de vignes et de bois, contribue peut-être autant à y retenir les voyageurs que l'auberge de M. Dru, et que les salines.

Elles en sont à une lieue dans les montagnes. Je renvoie les lecteurs qui seront curieux d'en connaître la description détaillée, à celle qu'en donnent le voyageur Coxe et son traducteur Ramond. (*Tome 2, page 21*).

Les bâtimens de graduation, et plus encore les galeries souterraines percées dans le roc vif, sur une ligne à peu près horizontale de 4000 pieds de longueur, suivant Ebel, de 3000 pas, suivant Coxe, et aussi proprement taillées en parois et en voûtes, que proprement plancheiées en madriers; enfin une cheminée de 400 pieds de hauteur, qui perce verticalement la montagne, qu'on monte ou descend au moyen d'une trentaine d'échelles fixées à ses parois, et à travers laquelle on voit en plein jour les étoiles qui passent au zénith : tels sont, avec l'excellente tenue de cet établissement, ce qui m'en a le plus frappé. Acheté, en 1685, par le gouvernement de Berne, il a passé à celui de Lausanne, depuis que cette ville est devenue chef-lieu de canton.

Les salines de Bex, toutes considérables qu'elles sont, ne fournissent qu'une partie de la provision de sel nécessaire à ce canton, tributaire de la France, pour cette denrée, comme toute la Suisse occidentale.

De Bex à Saint-Maurice. . . . . lieues. 1

Cette lieue est très-courte. Elle ne m'a offert rien de particulier qu'un paysage charmant, une plaine riche en grains et des vignobles non moins riches en vins. La plaine est ombragée de magnifiques noyers, et les vignes bordées ou parsemées d'arbres fruitiers de toute espèce.

On a devant soi les deux rochers connus sous le nom de *Dent de Morcla* et *Dent du Midi* (déjà mentionnés page 17), et qui s'élèvent des deux côtés du Rhône, au-dessus de Saint-Maurice, et dont les bases servent de culées au pont sur lequel on traverse ce fleuve.

Cette communication complète, avec la précédente, la route de la rive septentrionale du lac, dont tous les voyageurs ne parlent qu'avec ravissement.

Sites enchanteurs et variés à l'infini, champs, prés et vergers, collines riantes et montagnes sauvages, les unes couvertes de raisins et de fruits, les autres de sombres forêts de sapins, de rochers escarpés et de neiges éternelles ; des ruisseaux et des torrens, des nappes azurées et des cascades écumantes, un fleuve et une mer méditerranée ; enfin, une multitude de tableaux, les uns gracieux et rapprochés, les autres sublimes et reculés à perte de vue dans des lointains aussi imposans que pittoresques : telle est la rive du pays du Vaud, que nous venons de parcourir depuis Genève jusqu'à Lausanne. . . . .

lieues.
12

Et depuis Lausanne jusqu'à Saint-Maurice. . . 11

FIN DE LA COMMUNICATION DE LAUSANNE
A SAINT-MAURICE.

COMMUNICATION
DE MARTIGNY A AOSTE,
Par le Grand Saint-Bernard,

FAISANT PARTIE D'UNE 5ᵉ. ROUTE DE PARIS A MILAN.

15 lieues.

	lieues.
§ 1. *De Martigny à Saint-Pierre*.	5
§ 2. *De Saint-Pierre à l'Hospice du Grand Saint-Bernard*.	3

On passe, de la large vallée du Rhône, dans l'étroite gorge d'Entremont, en cotoyant la Dranse valaisane (1), qui est presque partout un torrent fougueux, comme la vallée est un abîme presque continuel. Des forges à fer, dont le minerai s'extrait dans la montagne de la rive droite, et quelques villages, dont le plus considérable est Saint-Branchié, avertissent de loin en loin le voyageur, que cet affreux coin

---

(1) Nous la distinguons, par ce surnom, de la Dranse que nous avons traversée, en Savoie (1ʳᵉ. route de Paris à Milan), quoique nous ne trouvions cette distinction nulle part, ce qui met les lecteurs dans le cas de confondre l'une avec l'autre.

du globe n'est pas le domaine exclusif des bêtes fauves. Auprès de Saint-Branchié, où la vallée est plus large et moins sauvage, on peut voir un couvent de moines de la Trappe et une mine de plomb. Ce bourg est situé à l'ouverture de la vallée de Bagnes, d'où sort, à travers un défilé de quelques pieds de large, la Dranse alimentée par les glaciers de Charmontane et de Chédroz, qui terminent cette vallée, longue de 8 lieues, depuis son débouché jusqu'à sa naissance. Le village de Bagnes, dont elle tire son nom, fut englouti en 1545 par une inondation dans laquelle 140 personnes perdirent la vie.

La même inondation vient de se renouveller encore dans l'été de 1818 : un lac s'est formé au fond de la vallée, par la chute d'une partie du glacier de Chédroz. On a travaillé vainement, avec une infatigable ardeur, à prévenir les désastres, en tâchant de maîtriser d'avance l'écoulement des eaux : on n'en a que modifié les effets, moins par les travaux qu'on a exécutés que par la sage précaution de prévenir de l'irruption, les habitans, non-seulement de cette vallée, mais encore des vallées inférieures jusqu'à Saint-Maurice, au moyen d'un tocsin général et de signaux placés de distance en distance. Les eaux ont tout renversé, tout entraîné dans la vallée de

Bagnes, tout dévasté, tout ravagé dans celle de la Dranse; et si elles ont été moins désastreuses dans celle du Rhône, c'est que ce fleuve était heureusement très-bas. Les habitans se sont sauvés sur les montagnes. C'est de l'Est que cette vallée vient se confondre avec celle d'Entremont, dont nous allons remonter le torrent jusqu'au Grand Saint-Bernard.

Les goîtres, bien moins nombreux dans ces deux vallées que dans celle du Rhône, cessent entièrement après Saint-Branchié, comme dans toutes les hautes vallées.

Le chemin est étroit, mais rigoureusement praticable. Les voyageurs qui sont accoutumés à ne quitter leur voiture qu'à la dernière extrémité, peuvent y rester jusqu'à Saint-Pierre, pourvu qu'aucun éboulement, aucun pont renversé n'aient intercepté la route, ce dont il faut bien s'assurer auparavant, afin de ne pas s'exposer au malheur de se trouver arrêté coup sur coup par de tels accidens, comme cela m'est arrivé à moi-même. Pour avoir été mal informé, je fus réduit à faire passer ma voiture à bras en deux endroits, et voici comme je m'y pris. Elle était à brancard et à deux roues: le chemin que nous étions forcés de suivre, au défaut du chemin ordinaire, intercepté par la rupture d'un pont, n'était qu'un sentier tracé sur le talus de la montagne, où ne pouvait rouler qu'une seule roue. L'autre a été soutenue en l'air, ainsi que ce côté de la voiture, par six hommes, dont trois ont placé leurs épaules sous la barre du brancard, et trois autres sous une autre barre que j'avais fait ajouter derrière, pour correspondre à celle du devant. Ces six hommes, placés l'un derrière l'autre, marchaient comme ils pouvaient au bord du sentier. Si quelqu'un tombait, les autres soutenaient seuls le fardeau. On voit que, par ce moyen, il est possible de faire passer une voiture partout, à moins que le passage ne soit obstrué par des bois, des rochers ou autres obstacles.

Entre Saint-Branchié et Saint-Pierre, on trouve le village d'Orsières et celui de Liddes. C'est à Orsières qu'on voit s'ouvrir à droite le val de Ferret, dont les frais paysages font sur la vue un effet, et sur l'âme une impression qui ne s'effacent point. Elle restera long-temps dans mon souvenir, cette échappée de vue délicieuse qui m'a découvert tout-à-coup, au sortir de la plus triste gorge, la plus riante vallée, couverte d'un tapis verdoyant, dont les bords se relèvent en draperie, sur la base des hautes montagnes qui enferment ce solitaire et romantique séjour.

On regrette qu'une si agréable vallée ne soit pas celle qui conduit au Saint-Bernard.

J'ai lu quelque part qu'il existe à Liddes un poêle si ancien que le millésime qu'on y remarque, porte la date de l'an 1000. Je regrette de n'avoir pu vérifier un fait aussi curieux, n'en ayant eu connaissance que depuis mes derniers passages. S'il est vrai, il prouve que dans ces montagnes, on ne renouvelle pas aussi souvent ses meubles que dans nos cités, parce que les modes n'y passent pas aussi vite, et qu'on y a plus de respect pour la vieillesse.

Après Saint-Pierre, village où l'on fait halte, et où l'on démonte sa voiture (si on ne l'a point fait à Martigny), pour en charger les diverses pièces sur des mulets, le chemin devient scabreux et la montée rapide. Au bout d'une demi-lieue, on traverse la petite plaine du Prou, au-dessus de laquelle on aperçoit le glacier de Ménone, et au-dessus du glacier, le Mont-Vélan, la plus haute des sommités du Saint-Bernard. Bientôt les voyageurs ne poussent leurs mulets, le torrent ne roule ses flots que sur un théâtre de destruction et de mort, sur les rocs entassés, sur les débris des monts déchirés qui bordent cette horrible gorge. Les sapins finissent, la végétation expire : plus de chalets, plus de traces de culture.

Le froid se fait sentir de plus en plus, ainsi que le besoin d'arriver à l'hospice. Une lieue avant, on rencontre, à quelque distance l'un de l'autre, deux petits bâtimens destinés, le premier à servir d'asile aux voyageurs, le second à recevoir leurs cadavres, lorsqu'ils périssent dans ce trajet, que rendent si dangereux, pendant huit mois de l'année, et la neige qui se précipite en avalanches du haut des montagnes, et celle qui tombe en flocons du haut d'une atmosphère toujours chargée, et les tourmentes qui renversent ou emportent hommes et mulets, et les fondrières qui les engloutissent.

Dans les belles journées des derniers mois de l'été, le trajet du Saint-Bernard est sans danger et n'est pas sans agrément, soit pour l'observateur de la nature qui aime à la prendre sur le fait, soit pour le simple curieux qui aime à en contempler les grands accidens, et même pour le simple amateur des spectacles extraordinaires. Le guerrier admire par quelle tactique nouvelle, une armée nombreuse et une artillerie redoutable ont pu franchir de nos jours, avec la rapidité de l'éclair, ces monts sourcilleux et ces profonds abîmes, où seul il a peine lui-même à se frayer un passage. Les amis de la paix, ceux des vertus hospitalières et philantropiques, ceux du dévouement religieux et de la piété claustrale, consacrés à secourir l'humanité, aiment à trouver cet heureux ensemble réuni dans le monastère du Grand Saint-Bernard. Placé sur la cime de ces monts, il semble tendre des deux côtés une main secourable à tous les voyageurs, comme pour faciliter la communication des peuples que sépare ce rempart naturel.

Cette habitation, la plus haute, sans contredit, de l'ancien monde, puisque les diverses mesures la placent entre 1200 et 1300 toises de hauteur perpendiculaire au-dessus du niveau de la mer (1), offre au voyageur, avec un asile bien précieux, un site bien extraordinaire. Elle occupe une échancrure du roc qui forme, dans cette partie, la crête de la chaîne centrale; de manière que le toit forme lui-même le partage des eaux, et les verse d'un côté dans le golfe de Lyon, par le Rhône, de l'autre dans la mer Adriatique, par le Pô.

A peine vous apercevez l'hospice, que vous être aperçu vous-même. De bons religieux, des domestiques aussi empressés, aussi pieux, aussi

---

(1) 1246 toises d'après M. Pictet, 1257 d'après M. de Saussure. La ville de Quito, au Pérou, est encore plus élevée, si elle a réellement, comme on le dit, 1492 toises au-dessus du même niveau.

dévoués que leurs maîtres, viennent vous accueillir à la porte et vous introduire dans un salon toujours chaud, où vous attend un repas toujours prêt, qu'un signal connu fait arriver de la cuisine dans un buffet à coulisse, montant et descendant à volonté. Tous les hommes sont reçus ici comme de vrais amis : combien d'amis, combien de parens chez qui l'on n'obtient pas un semblable accueil !

Ce n'est pas seulement sur les voyageurs qui arrivent que s'exerce cette piété hospitalière; elle va au-devant de ceux qui ne peuvent arriver. Des chiens nommés *marons*, d'après la couleur de leur poil, et conduits par des piqueurs qu'on nomme *maronniers*, sont dressés à la recherche des voyageurs qui s'égarent ou qui restent ensevelis dans les amas de neige répandus sur le passage du Grand Saint-Bernard, pendant les trois quarts de l'année. Nous avons demandé à voir ces intéressans animaux : on les a fait venir souper avec nous. Ce sont des dogues roux d'une superbe espèce (1) : aussi grands que beaux, ils sont aussi caressans que

---

(1) Les journaux nous ont dit qu'ils avaient tous péri dans les neiges, en 1817, et que la race en était perdue. Des informations postérieures nous apprennent que le

forts ; élevés à secourir l'homme, il en sont les amis. Mais quels amis de l'homme, quels hommes eux-mêmes que les maronniers, qui se condamnent volontairement à faire, pendant

malheur n'a pas été complet, et que la race de ces précieux animaux ne sera pas éteinte. Un almanach allemand renferme, sur le chien Barry, un de leurs plus illustres ancêtres, l'anecdote suivante :

« Cet animal intelligent a servi à l'hospice pendant 12 ans, et il a sauvé la vie à plus de 40 personnes. Rien ne pouvait ralentir son zèle. Dès que les brouillards et les neiges enveloppaient la montagne, il partait pour aller à la recherche des voyageurs égarés. Il courait tout hors d'haleine en aboyant et revenant aux endroits les plus périlleux. Lorsque ses forces ne suffisaient pas pour retirer de dessous les neiges un homme engourdi par le froid, il retournait, en courant, à l'hospice, pour aller chercher les religieux.

« Un jour, cet animal intéressant trouva un enfant engourdi entre le pont de Dronaz et le glacier de Balsore ; aussitôt il se mit à le lécher jusqu'à ce qu'il fût parvenu à le ranimer, et à force de caresses, il engagea l'enfant à s'attacher à son corps. C'est ainsi qu'il porta, comme en triomphe, le pauvre petit à l'hospice. Lorsque l'âge lui eût ôté ses forces, le prieur du couvent, pour le récompenser, le mit en pension à Berne. Il y est mort, et on l'a déposé, empaillé, au Musée de cette ville. On voit encore à son cou, la petite phiole dans laquelle il apportait une liqueur fortifiante aux voyageurs qu'il découvrait sur la montagne ».

les froids les plus rigoureux de l'hiver, sur le passage le plus rigoureux des Alpes, des excursions journalières et mortelles pour tout autre mortel qu'eux, qui font métier d'aller au-devant des frimats, des vents glacés, des tourbillons et des tourmentes, de chercher, sous un ciel de fer, à travers les abîmes neigeux et des périls sans cesse renaissans, un malheureux à secourir, un mourant à rendre à la vie. Ailleurs, le seul amour du gain déterminerait une semblable résignation, si toutefois on pouvait la trouver; ici, non-seulement il n'entre pour rien dans cet abandon de soi-même; mais l'instant où ce vil sentiment pénétrerait dans leur âme, serait celui où les maronniers cesseraient d'être ce qu'ils sont, et les voyageurs d'être secourus.

Les pieux cénobites que l'amour de Dieu et des hommes a rassemblés dans cet hospice, reconnaissent pour fondateur saint Bernard de Menton, qu'il ne faut pas plus confondre avec le saint Bernard, abbé de Clairveaux, que les fortunés religieux de Cîteaux avec les austères anachorètes du Grand Saint-Bernard. Ils passent leur jeunesse dans ce couvent, où l'intensité du froid arrive jusqu'au 32e degré. Ceux que l'âpreté du climat éprouve, au point d'altérer leur santé, obtiennent la permission d'aller se rétablir dans la maison que le même couvent possède à Martigny, pour la retraite de ceux qui, parvenus à la vieillesse, ne peuvent plus résister à la température du Saint-Bernard. Celui qui occupait la place de prévôt, lors de mon dernier passage, était un homme de 55 ans, mais il comptait se retirer bientôt. Ce fut lui qui nous tint compagnie, à mon épouse et à moi, pendant tout le souper.

Au moment du coucher, arriva un jeune et très-jeune religieux, qui nous témoigna, le plus poliment qu'il pût, le désir de nous voir occuper deux lits. Cette chaste proposition faite par un novice, tandis que son vieux chef n'avait point paru partager son anxiété, me rappela qu'au concile de Trente, la proposition du mariage des prêtres, appuyée par les vieux pères, fût repoussée par les jeunes. Quoiqu'il en soit, le vœu du scrupuleux novice ne pouvait que convenir à deux époux également fatigués de la route. Nous eûmes chacun notre lit et notre chambre, et ne pûmes communiquer le lendemain que lorsque nous fûmes levés l'un et l'autre (1).

---

(1) Cette anecdote m'a paru assez piquante pour devoir être recueillie. L'article était fait, ainsi que tout le manuscrit de la route, avant l'irréparable malheur que j'ai eu de perdre cette aimable et chère compagne de mes

On m'a montré dans ce couvent les principaux ouvrages des auteurs qui ont écrit sur les Alpes, les principaux minéraux qu'elles produisent, enfin quelques médailles et figures de bronze trouvées sur l'emplacement de l'ancien temple de Jupiter, à côté duquel nous allons passer en partant.

Nous n'avons rien dit de la construction de l'hospice, parce qu'il n'y a rien à en dire. C'est un bâtiment ordinaire, peu vaste et bâti sans art, comme sans prétention, mais non sans solidité. Il n'a de remarquable que son site extraordinaire sur un des points les plus élevés du globe, d'où il faut nécessairement descendre, au départ, tant d'un côté que de l'autre. Ainsi perché, le monastère reçoit également les vents de la Suisse et ceux de l'Italie; mais il a la vue plus bornée sur cette dernière avenue que sur l'autre, où les voyageurs le découvrent, un quart-d'heure avant d'y arriver. Ils

---

voyages. C'est avec elle que j'ai vu la plupart des divers lieux et objets que j'ai précédemment décrits. Le lecteur a dû soupçonner déjà que je n'étais point seul, et j'aurais pu ajouter quelqu'agrément à mes relations, en lui faisant connaître quelques anecdoctes qui n'eussent pas été sans intérêt; mais elles m'eussent rappelé de trop douloureux souvenirs.

foulent immédiatement avant, et au pied même de l'hospice, un amas de neige si compacte, en été, qu'elle a la dureté de la glace, sans toutefois en avoir le glissant, ce qui fait que les hommes, comme les animaux, y cheminent aussi commodément que sur le sol. C'est une fondrière où la neige s'élève en hiver au niveau du couvent, qui domine lui-même de plusieurs toises cet enfoncement dans les autres saisons.

Du côté opposé, on longe à gauche, en partant, un petit lac, au-dessus duquel la maison paraît comme suspendue, et l'on passe sur le lac même, pendant les neuf mois de l'année où il est glacé. Il a un quart de lieue de tour; le poisson n'y vit point. On a vainement essayé d'y en mettre, et particulièrement de la truite, le poisson qui se plaît le mieux dans les eaux froides : tout y périt. Les végétaux qu'on a essayé de semer ou planter dans le jardin, n'y ont pas mieux réussi la plupart que les poissons dans le lac. Les choux, quelques salades et quelques racines ont cependant résisté, et l'on a la satisfaction d'y manger au moins des légumes *du crû*, selon l'expression d'un des religieux qui m'ont accueilli : ce sont les seules productions de ce climat glacé. Elles sont trop peu considérables, et le jardin trop peu étendu pour pouvoir faire face à cette partie des approvisionnemens. Tout est transporté au Saint-Bernard à dos de mulet, par l'affreux chemin qui nous y a conduits, ou par celui qui va nous en éloigner.

Ce passage, le plus haut des Alpes, en est aussi regardé comme le plus ancien. Au temps des Romains, il portait le nom de *Mons Jovis*, d'où est venu celui de Mont-Jouet, qu'il a porté jusqu'au 9e. siècle. Il a pris alors celui du couvent, qui a pris lui-même celui de son fondateur, au zèle duquel on doit la destruction d'un temple de *Jupiter Penninus*. On en montre encore la place à quelques portées de fusil du couvent, sur un plateau qui borde le lac à droite. C'est de ce nom de Penninus, que la partie des Alpes que nous traversons, a pris celui d'*Alpes Pennines*. Mais d'où ce Jupiter a-t-il pris son surnom de *Penninus*? C'est le point ignoré. Quelques auteurs anciens ont cru qu'il venait des *Pœni* (Carthaginois), qui, conduits par Annibal, auraient, d'après eux, passé les Alpes en cet endroit. Mais Tite-Live rejette cette opinion, en faisant voir que ce col des Alpes ne peut être le passage d'Annibal. C'est là que fût placé, à l'époque de mon dernier voyage en 1806, le monument érigé à la mémoire de Desaix. — *Parcouru depuis Martigny*. . . . . 8 lieues.

---

§ 3. *De Saint-Bernard à Saint-Remi* 3
§ 4. *De Saint-Remi à Aoste* 4

La 1re. distance se compose en totalité de la descente du mont dans la sombre vallée de Saint-Remi, car on commence à descendre au-delà du lac, peu de minutes après avoir quitté le couvent. Tracée en nombreux zig-zags sur ce revers méridional, dont la pente escarpée n'a permis qu'un étroit chemin escarpé comme elle, cette descente est d'environ 400 toises perpendiculaires, en quoi elle ne ressemble pas du tout à celle du revers opposé, que nous avons vu sans interruption régner dans la vallée de la Dranse, depuis le petit glacier sur lequel on passe, au-dessous du couvent, jusqu'à Martigny.

Saint-Remi est un triste hameau, dominé par une sombre forêt de sapins qui le garantit des avalanches. Elles encombrent fréquemment une partie de cette forêt, non sans en détruire tous les ans un grand nombre d'arbres. Les neiges brisées par leur résistance, s'amortissent et s'arrêtent sur le plan incliné qu'ils occupent, une partie seulement de l'amas neigeux roule en poussière jusqu'au fond ; mais sans fracas et sans autre désastre, que quelques arbres déracinés qu'elles entraînent avec elles. Il est à craindre que ce bois tutélaire, qui est pour ce village le bois sacré, ne finisse par se détruire entièrement. Alors que deviendra le village de Saint-Remi, et que deviendront les voyageurs, sans cette halte nécessaire, au pied de la montagne ?

Je ne puis me rappeler ce village, sans me rappeler aussi une jeune et belle paysanne qui, livrée à tous les travaux de son état, m'a offert une conversation agréable et pleine de grâce, en très-bon français, avec une figure charmante, une physionomie distinguée, une taille superbe, et une tournure qui n'avait besoin, pour être accomplie, que d'une toilette. Elle aidait son mari à décharger du foin sur un mulet, avec un bras aussi beau que vigoureux. C'était l'épouse du propriétaire de notre auberge.

Tout le monde parle français à Saint-Remi, comme dans tous les lieux qu'on traverse des deux côtés du Saint-Bernard, depuis Martigny jusqu'à Aoste. C'est la seule langue connue dans cette partie des Alpes.

La vallée, après ce village, va toujours s'abaissant et s'élargissant, sans rien présenter de pittoresque, sans offrir ni fraîcheur ni accidens extraordinaires, sans faire éprouver aucune de ces sensations qui pénètrent l'âme du voyageur, dans tant d'autres parties des hautes Alpes. Le chemin passe dans les deux villages d'Etrouble et de la Condamine, et sur la fin, il traverse les vignobles répandus sur les bases de la montagne, au pied de laquelle est Aoste. — *Parcouru depuis Martigny jusqu'à Aoste.* . . . . 15 lieues.
(*V. pour cette ville, la 3e. route de Paris à Milan, page* 146.)

FIN DE LA COMMUNICATION DE MARTIGNY

A AOSTE.

COMMUNICATION
DE TURIN A YVRÉE,

Par Foglis.

12 lieues.

	Lieues.
§ 1ᵉʳ. *De Turin à Foglis.*	6
§ 2. *De Foglis à Yvrée.*	6

On suit la route de Milan jusqu'au joli pont de la Stura, après lequel on la laisse à droite, pour suivre celle qui se présente en face. On traverse ensuite, à divers intervalles, avant de relayer à Foglis, trois lieux considérables, Leyny, Volpiano et San-Benigno. Les deux premiers sont deux grands villages, l'un de 15 à 1800 habitans, l'autre de 2500 à 3000 ; le troisième est un bourg, dont la population paraît tenir le milieu entre ces deux-là ; mais dont l'intérêt géographique est beaucoup plus grand : il le doit à sa célèbre abbaye, et il doit à cette abbaye l'avantage de posséder une des plus belles églises de l'Italie. L'abbé jouissait de tous les priviléges de l'épiscopat, dont le plus notable était de relever immédiatement du Saint-Siége. C'est l'avant-dernier abbé (le cardinal de Lances) qui a fait bâtir la magnifique église de San-Benigno, où l'on admire, outre la beauté de l'édifice, les ornemens intérieurs, et notamment de superbes orgues.

Foglis est un village ou bourg, d'environ 1500 habitans, et un lieu de relais. Un château d'un effet assez pittoresque le domine et l'embellit. Entre Foglis et Yvrée, on trouve encore, vers le tiers de la distance, le village de Montalengo, peuplé de 7 ou 800 habitans, et vers la fin, celui de Romano, peuplé de près de 2000. Entre les deux, on franchit une colline qui forme un rameau prolongé des Alpes. Entre le dernier et Yvrée, on passe la rivière de Chiusella, sur un pont qui a été le théâtre d'un premier combat, et d'un premier triomphe de l'armée que Buonaparte, alors premier consul, conduisait à la victoire de Marengo. Dans cette affaire, soutenue seulement par l'armée de réserve des Français, les Autrichiens perdirent leur général Salfi.

Cette rivière si intéressante par les souvenirs glorieux qu'elle nous a rappelés, ne doit pas nous faire oublier celles du Malone et de l'Orco, que nous avons traversées sur des ponts-volans, la première en arrivant à San-Benigno, la seconde avant d'arriver à Foglis, et dont nous n'avons point parlé, afin de ne pas interrompre la description rapide des lieux qui s'offraient successivement à nos regards. Elles ne méritent cependant que trop l'attention des voyageurs, qui se trouvent souvent enfermés, entre les deux, par leurs crues simultanées ; aussi fréquentes que soudaines, et aussi redoutables qu'impossibles à prévoir. Les auberges de San-Benigno sont les tristes asiles où l'on est obligé d'attendre la baisse des eaux, et le rétablissement du passage, rarement intercepté pendant plusieurs jours. Le bourg de San-Benigno se trouve dans ces momens tellement entre deux eaux, qu'il n'a d'autre communication avec le reste du continent, que par les escarpemens des Alpes, où ces torrens prennent leur source. Le Pô, où ils se rendent à une demi-lieue l'un de l'autre, n'est guère plus abordable alors, qu'ils ne le sont eux-mêmes. Le dernier des deux ne dédommage que faiblement les habitans riverains par l'or qu'il roule dans ses flots, du mal qu'il leur cause par ses inondations.

On traverse encore dans la même route, sur un pont de pierre, la Dora Baltea, en arrivant à Yvrée. (*V. pour la description de cette ville, la* 3e. *route de Paris à Milan.*)

FIN DE LA COMMUNICATION DE TURIN A YVRÉE.

Ire. COMMUNICATION
DE CHAMBÉRY A GENÈVE,
Par Rumilly.

23 lieues ½.

lieues.

§ 1er. *De Chambéry à Aix*. . . . . 4.

La route gravit, au départ, le flanc occidental d'une colline qui forme une des bases de la chaîne des Bauges. Le voyageur dominé à droite, dans cette montée, par les masses calcaires et très-escarpées de cette chaîne, domine lui-même à gauche le riche et joli bassin qui règne depuis Chambéry jusqu'au lac du Bourget : c'est un tapis continuel de verdure et de feuillage qui s'étend jusque sur les premiers gradins des montagnes, depuis celle des Bauges qu'on cotoie, jusqu'à celle du Chat qui s'élève en face, à près de 800 toises au-dessus du niveau de la mer.

Le reste de la distance, plus en plaine qu'en montagne, présente des campagnes ombragées et des paysages agrestes, mais moins pittoresques, quoique peut-être non moins gracieux. On arrive, par une descente assez considérable, à la plaine d'Aix.

Aix. La ville de ce nom, *Aquæ Gratianæ*, peuplée de 12 à 1300 habitans, est doublement intéressante, et par des eaux thermales très-renommées, et par des antiquités très-peu connues. Ces eaux ont été en vogue chez les anciens, comme chez les modernes, ainsi que nous l'attestent à la fois et le nom latin d'*Aquæ Gratianæ* qui en fait attribuer la restauration à l'empereur Gratien, et les restes de bains antiques découverts de nos jours sous la maison et les jardins d'un des habitans (M. Perier). Les débris d'un temple, également antique, qu'on croit avoir été consacré à Diane, et un arc qui paraît être un monument funéraire, d'après l'inscription suivante qu'on y lit très-distinctement: *Pompeius Campanus vivus fecit*, sont une nouvelle preuve de l'intérêt que les Romains portaient à cette ville. Les ruines du temple se trouvent confondues avec celles du château féodal des anciens marquis d'Aix ; château dont l'escalier bien conservé, fixe plus l'attention, par sa belle et riche gothicité, que les antiquités auxquelles il est lié. L'arc, dont une partie est enterrée, a été bâti, comme le temple, en pierre de taille, sans ciment. Ce qui reste des bains est en brique.

Le voyageur qui observe doit s'étonner que trois constructions romaines aussi remarquables, des bains, un temple et un arc, n'aient pas donné plus de célébrité à cette ville, qui serait à peu près inconnue sans ses bains modernes. Quant à moi, ne jugeant les lieux par l'idée que je m'en étais faite, je m'attendais à trouver beaucoup d'antiquités à Aix en Provence et très-peu à Aix en Savoie ; et c'est précisément tout le contraire.

La ville d'Aix en Provence n'est pas moins inférieure à celle d'Aix en Savoie, pour ses eaux thermales que pour ses antiquités. Ses eaux n'ont pas plus de vertu que de vogue. Celles d'Aix en Savoie sont, au contraire, aussi salutaires que fréquentées. Ordonnées comme toutes les eaux thermales, pour un grand nombre de maladies, elles sont bonnes surtout pour les rhumatismes invétérés, les paralysies, les ankiloses commençantes, les maladies cutanées, et les plaies causées par les armes à feu. Elles jaillissent de deux sources, la première alumineuse ; la seconde sulfureuse, situées à cent pas l'une de l'autre ; « et comme si la nature (dit un ouvrage inédit que j'ai sous les yeux), s'était complue à réunir une portion de ses trésors, sur le même point, un gros filet d'eau fraîche et limpide jaillit entre ces deux réservoirs ».

Vers le milieu du siècle dernier, le roi de Sardaigne fit construire, pour les bains et les douches, un bâtiment vaste et commode, avec une façade d'assez bon style. Chacune des deux sources a son bassin particulier.

Malgré leur chaleur de 36 degrés, on y trouve, dit Saussure, des animaux vivans. Il prétend y avoit reconnu des rotifères, des anguilles, et deux nouvelles espèces de tremelles. Les habitans, au contraire, prétendent qu'aucun être vivant ne vit ni ne peut vivre dans cette eau, dont ils portent la chaleur à 38 degrés, au lieu de 36 que leur attribue le thermomètre de Saussure.

Cette petite ville, après ses antiquités et ses bains, n'offre, par elle-même, aucun autre genre d'intérêt aux voyageurs, si ce n'est d'assez bonnes auberges. Ses dehors leur offrent en revanche un sol aussi fertile que les sites en sont variés et romantiques (1). Des bois touffus,

---

(1) Un habitant du pays, que je ne connais ni ne veux connaître, me soutint, de ce ton capable qui est le propre de l'incapacité, que le sol d'Aix, qui me paraissait si fécond, ne produisait pas plus de 3 pour 1.

Comme cette proportion entre la semence et la récolte

de jolis coteaux, des vignes, des prairies surtout, très-arrosées et très-abondantes, une promenade plantée de tilleuls et de châtaigniers, sur la route de Genève, enfin une longue allée de peupliers qui conduit au lac du Bourget, éloigné seulement d'un quart de lieue, et sous laquelle le promeneur mélancolique peut aller rêver à toute heure, sans craindre les ardeurs du soleil : tels sont les environs d'Aix.

A l'endroit où aboutit cette allée, on voit se former un petit port d'embarcation, alimenté par la ville d'Annecy, qui transporte à Lyon les produits de ses diverses fabriques, au moyen du canal naturel et navigable qui verse les eaux du lac dans le Rhône.

Les bois de cette partie des Alpes contribuent encore, aussi bien que quelques produits de la haute Italie, notamment la soie et le

---

serait une véritable infertilité, bien voisine de celle qui ne permet plus de cultiver les terres, cet érudit savoyard me permettra, aussi bien qu'à mes lecteurs, de ne pas nous en rapporter à lui, en classant le riche territoire d'Aix, parmi les plus mauvais de l'Europe, et de persister dans l'opinion qu'il rejeta d'un ton si tranchant ; mais que toutes mes recherches m'ont confirmée, savoir : que le produit des terres de son pays n'est pas au-dessous de 5 à 6 pour 1.

riz, à l'activité de ce petit port naissant, où les retours se font en sel, charbon, denrées coloniales, etc. Il n'y avait encore, lors de mon dernier passage en 1810, qu'une maison, servant à la fois d'entrepôt pour la verrerie de Thorant, dont nous avons parlé à l'article d'Annecy, et de magasin général pour toutes les autres marchandises.

Le lac du Bourget peut avoir environ 4 lieues de long, sur une de large. Ses eaux, aussi limpides, aussi azurées que celles du lac de Genève, ne sont pas moins poissonneuses. On y pêche la truite, l'ombre-chevalier et le lavaret, qui est particulier à ce lac, et très-estimé. Les bateliers m'ont assuré que si l'on y voit souvent des tempêtes, jamais on n'y voit de naufrage; mais ils n'y en éprouvent point, parce qu'ils n'ont garde de s'y exposer. Lorsqu'ils voient arriver la tempête, ou ils sont sur le lac et ils se hâtent de gagner le rivage; ou ils sont sur le rivage et ils ne s'embarquent point. Ils ne naviguent jamais qu'à la rame; la voile leur est inconnue. Pour avoir voulu en faire usage, en conduisant la princesse Joséphine, qui, pendant qu'elle prenait les bains d'Aix, allait se promener souvent sur ce lac, ils manquèrent périr avec elle, et ne durent leur salut qu'à la précaution qu'ils avaient eue, d'emporter une hache, et à l'usage qu'ils en firent pour abattre le mât, ne pouvant retirer la voile autrement. Les matelots m'ont raconté que cette princesse ne cessait de les encourager, quoique la tempête fût si furieuse, qu'ils n'en avaient jamais, disaient-ils, vu de pareille, et que des arbres, sur les collines d'alentour, furent renversés par la violence des vents. Une foule d'habitans et d'étrangers qui étaient accourus sur le rivage, virent, plusieurs fois, la barque disparaître sous les vagues, et la crurent à jamais engloutie; mais quand on la vit près d'aborder, plusieurs personnes se jettèrent à l'eau, pour aller au secours de cette princesse, tant elle était chérie de la contrée.

Quoique les eaux que reçoit le lac du Bourget ne viennent pas des glaciers, il n'en est pas moins sujet à diminuer en hiver, comme le lac de Genève, et à grossir au printemps. Ses débordemens inondent quelquefois une partie de la plaine d'Aix, et ce qu'il y a de remarquable, c'est qu'ils sont occasionnés par le Rhône, dans lequel se décharge ce lac: lorsqu'il vient à grossir, ses eaux refoulent celles du canal de communication, qui verse ainsi alternativement, suivant la hauteur relative du lac et du fleuve, tantôt les eaux du Rhône dans celles du lac, tantôt les eaux du lac dans celles du Rhône.

Les hauts escarpemens du mont du Chat forment, sur la rive occidentale du lac, une puissante digue contre ses crues, et un sûr abri contre les vents d'Ouest. Au pied de ce mont et au bord du lac, dans un réduit ombragé, solitaire et inabordable, du côté du Sud, autrement que par eau, les curieux vont visiter l'ancienne et célèbre abbaye de *Haute-Combe*, de l'ordre de Cîteaux, fondée en 1125 par Amédée III, comte de Savoie. Les ducs ses successeurs y ont eu leurs tombeaux, et ce couvent a donné deux papes à l'Eglise, Celestin IV et Nicolas III. Les mausolées étaient déjà très-endommagés par le temps, lorsque la révolution est venue leur porter les derniers coups.

A la place de ces monumens funéraires, j'ai trouvé aujourd'hui les fourneaux, ateliers et magasins d'une faïencerie, et à la place des religieux du couvent, les ouvriers de la fabrique.

Derrière cet ancien monastère, à dix minutes au-dessus, est une fontaine intermittente qu'on appelle dans le pays *fontaine des merveilles*. Le chemin qui y conduit est un sentier pratiqué à travers des vignes, et un bois de châtaigniers, le long d'une terrasse naturelle qui domine le lac. On y jouit des plus jolies échappées de vue, à travers la forêt. Un bouquet d'arbres touffus ombrage l'entrée de la grotte d'où s'échappe la source. Un instant après mon arrivée, un murmure se fit entendre, et bientôt après, une eau fraîche et limpide vint remplir le bassin naturel qui est à l'entrée de la grotte, puis s'épancha dans le bois. Au bout de 5 à 6 minutes, l'eau cessa de couler, et pendant près d'une heure que je demeurai sur les lieux, il ne resta qu'un léger filet d'eau. C'est pour s'être oubliée auprès de cette intéressante fontaine, que la princesse Joséphine essuya la tempête dont nous avons parlé plus haut, ayant négligé de se rendre aux instances des matelots qui prévoyaient l'orage et pressaient le départ.

Sur la même rive occidentale du lac, sur la même base orientale du mont du Chat, à deux lieues de l'abbaye de Haute-Combe, se fait remarquer de loin, par son site romanesque, le château de Bordeau, qui est encore un but d'excursion nautique, pour les étrangers réunis, dans la belle saison, aux bains d'Aix. L'édifice ne répond pas de près à son apparence lointaine; mais sa position m'a paru aussi pittoresque, et plus extraordinaire que celle de Haute-Combe. Il s'élève sur une plate-forme naturelle dont la base, hérissée de rochers et de broussailles, est baignée par les eaux du lac. On est frappé d'abord de son isolement ; mais quand on est parvenu sur la hauteur qu'il occupe, on trouve sur le derrière, en redescendant un peu, le hameau du même nom, composé de 24 chaumières, de 2 moulins, d'une scierie et d'une papeterie. Ces diverses usines, disséminées au milieu d'un bassin de prairies et de vergers, sont mises en mouvement par un ruisseau qui sort, aussi abondant que limpide, du pied de la montagne, et traverse, dans son cours de 3 ou 400 toises, toute la largeur du bassin, dont il rafraîchit les prairies. C'est en se précipitant en cascade dans le lac, qu'il rencontre et fait mouvoir le moulin à scie presqu'au-dessous du château.

La Dent du Chat est presque au-dessus : c'est l'aiguille la plus saillante de la montagne. La duchesse de Noailles est la première femme qui soit parvenue sur le sommet de ce pic, qu'avait inutilement tenté d'aborder avant elle, la princesse Joséphine. Elle exécuta cette courageuse ascension, dans l'été de 1817, accompagnée d'une nombreuse société de dames et de seigneurs français, qui tous l'attendirent au pied.

Le mont du Chat est ainsi nommé, à cause d'une espèce de figure de chat qu'on croit reconnaître à l'une des roches calcaires dont il est composé. C'est pour continuer la similitude, qu'on a donné à cette aiguille le nom de *Dent du Chat*. On m'a fait remarquer cette double et peu frappante ressemblance, en gravissant la montagne, par le chemin qui conduit de la Savoie dans le Bugey. C'était autrefois la véritable route de Paris en Italie. C'est celle qui ramena Michel Montaigne en France, à son retour de ses voyages. Il nous apprend lui-même qu'il passa par le Mont du Chat; « au pied duquel, dit-il, se sied un grand lac, et le long d'icelui un château nommé Bordeau, où se font des espées de grand bruit. »

Le propriétaire actuel de ce château, M. Métral, recommandable savoisien, (auteur des *Conjectures sur les livres destinés à passer à la postérité*), qui partage son existence philosophique et littéraire entre son ermitage et la capitale de la France, m'a fait remarquer, dans des ruines, quelques traces de cette ancienne fabrique.

Ainsi l'industrie manufacturière a toujours

16

régné dans ce coin de la Savoie séparé, par une montagne escarpée et par un lac, du reste du monde, avec lequel il n'a d'autre communication que le chemin vieux et peu fréquenté dont nous venons de parler. Ce chemin, que Buonaparte voulait convertir en grande route, pour en faire la direction la plus courte de Paris en Italie, offre une montée longue et rapide du côté de la France : il est plat et commode du côté de Chambéry. La première partie gravit obliquement le Mont du Chat; la seconde en cotoie sans cesse les bases, en longeant, du côté opposé, durant la première lieue, la rive occidentale du lac, jusqu'au Bourget, village situé à l'extrémité méridionale de cette belle nappe d'eau, à laquelle il a donné son nom. Ce village porte le titre de bourg, ainsi que l'indique le mot de *Bourget* (petit bourg). Il paraît avoir été jadis un lieu considérable, d'après les vestiges d'antiquités qu'il offre encore.

Parmi les monumens qu'on y a découverts, il en est un qui a fixé plus particulièrement l'attention des curieux : c'est un cercueil construit en brique. On l'a trouvé en creusant un fossé, dans le jardin d'un habitant du lieu, M. Drivet. Il rnefermait un squelette, une patère, un petit vase, une petite urne de verre et deux médailles d'Antonin.

A l'autre bout du lac, est le village de Châtillon, dominé par un monticule pyramidal, dont le sommet est couronné par un château d'un effet très-pittoresque.

Il est à remarquer que ce lac, bordé vers l'Ouest par les escarpemens souvent verticaux du Mont du Chat, ne baigne à l'Est que des plaines assez unies, ou des collines peu élevées, dont les aspects sont aussi rians que sont affreux ceux de la montange opposée. Ces flancs, décharnés en certaines parties, sont couverts ailleurs de forêts impénétrables, et partout hérissés d'énormes rochers, depuis le sommet de la montagne, jusqu'au bord et dans les eaux mêmes du lac.

On trouve au Mont du Chat la truffe, cette production si abondante dans quelques-unes de nos contrèses méridionales, et si rare partout ailleurs.

---

	lieues.
§ 2. D'Aix à Albens	3
§ 3. D'Albens à Rumilly.	2½
§ 4. De Rumilly à Mionas.	3
§ 5. De Mionas à Frangy	3

§ 6. *De Frangy au Luiset*. 4
§ 7. *Du Luiset à Genève*. 4

Pays toujours varié et assez fertile. Au bout d'une lieue, on laisse à cinquante pas de la route à droite, le petit village de Grézy, où périt, en 1813, l'infortunée Mme. de Broc, en traversant, sur une simple planche, un torrent qui formait une cascade, dont elle admirait la beauté, pendant qu'elle allait en mesurer les abîmes : le pied lui manqua au moment où elle se livrait le plus à son ravissement. Que cela est beau ! s'écriait-elle ; ce cri d'enthousiasme fût immédiatement suivi de son cri de mort. On ne la trouva qu'après qu'elle eût roulé long-temps avec les eaux du torrent, au travers des rochers et des gouffres qu'il parcourt. Ce fut sous les yeux de son amie, la princesse Hortense, qui, pour éterniser ses regrets, lui fit ériger, tout près du pont fatal, un petit monument, avec cette inscription : *O vous qui visitez ces lieux, n'avancez sur l'abîme qu'avec précaution ! songez à ceux qui vous aiment.*

Albens, aujourd'hui simple hameau, où est l'embranchement de la route d'Annecy, fut autrefois le chef-lieu d'une colonie romaine, et plus anciennement, d'une tribu de Celtes nommée *Albana*, s'il faut en croire la statistique de M. Palluel, et la description des Alpes par M. Albanis de Beaumont.

On voit encore au cimetière de la paroisse quelques débris de colonnes de marbre, que M. de Beaumont regarde comme les restes d'un temple. Chaque fouille un peu profonde entreprise sur ce territoire déterre quelques vestiges d'antiquités. Le pays, avant et après ce village, offre peu d'intérêt.

« La route d'Aix à Rumilly, dit M. de Saussure, ne présente rien de remarquable, si ce n'est qu'à une demi-lieue de la ville, on traverse un ruisseau qui a mis à découvert les bancs de pierre calcaire sur lesquels il passe. Le même ruisseau qui a découvert les rochers, a creusé son lit dans des rocs du même genre, situés un peu au-dessous du pont sur lequel on le traverse. Il forme là des cascades vraiment pittoresques, auprès d'un moulin qu'on laisse à gauche en venant à Aix. Les amateurs des tableaux de ce genre doivent s'arrêter vis-à-vis de ce moulin et y aller jouir de ce charmant spectacle. »

Rumilly est une petite ville de 2000 habitans, suivant les uns, de 3000 suivant les autres. En prenant la moyenne proportionnelle entre ces deux évaluations, nous ne serons pas loin sans doute de l'exacte vérité.

M. Palluel pense que cette ville serait une des plus riches en antiquités, si elle avait eu moins à souffrir de l'invasion des barbares ; les vestiges qu'on y aperçoit sont, dit-il, perdus pour l'histoire. M. de Beaumont affirme cependant avoir lu, sur un de ces fragmens, *Rumilia*, ce qui, suivant lui, donne à croire qu'il y avait dans cette ville, ou bien une famille romaine de la tribu *Romilia*, ou bien un temple dédié à la déesse *Rumilia*, et que dans l'un et l'autre cas, c'est de là que vient le nom de Rumilly. Rumilia ne peut-il pas être tout simplement le nom antique de Rumilly, sans recourir à une famille ou à une déesse Romaine ?

Je lis dans plus d'un auteur que cette petite ville est jolie et bien bâtie : je trouve à peu près tout le contraire dans les notes prises à mes divers passages, et dans le souvenir qui m'en est resté : on est sûr de ne point s'écarter de la vérité en plaçant cette ville, tout-à-fait insignifiante par elle-même, au nombre de celles dont on ne dit rien. Il ne faut pas taire cependant que c'était autrefois une ville de guerre, et qu'elle a été démantelée par Louis XIII, en 1630. Son territoire, qui vaut mieux qu'elle, est assez fertile en blé, et rend dans la proportion de 5 pour 1. Elle est agréablement située entre les deux rivières de Chéran et de Nephte, qui se réunissent à peu de distance au-dessous, après avoir coulé l'une et l'autre dans des lits très-profonds. Celui du Chéran qu'on traverse sur un très-beau pont en pierre contruit avant la révolution, est creusé jusqu'à 20 mètres de profondeur. L'ancien pont était aussi dangereux que le pont actuel est commode.

« En 1787 (je copie une note de Saussure), un postillon qui conduisait une chaise de poste dans laquelle étaient deux personnes, frère et sœur, pressa trop ses chevaux à la descente qui aboutit au tournant par lequel il devait entrer sur le pont. Arrivé à l'entrée de ce pont, il ne put plus retenir et faire tourner ses chevaux, qui, chassés par le poids de la chaise, enfoncèrent la barrière et furent précipités dans le lit du Chéran, en entraînant après eux la chaise et les voyageurs, qui n'avaient pas eu le temps d'en sortir. La chute fut absolument perpendiculaire et de 50 pieds au moins, sur les cailloux qui bordent la rivière. Les deux chevaux furent tués roides sur la place, et la chaise moulue en pièces. Cependant, par le hasard le plus heureux, la chaise tomba sur son impériale qui était chargée d'une vache; cette vache amortit le coup, et les deux jeunes gens qui se tenaient embrassés, en attendant la mort, en furent quittes pour des contusions dont ils sont parfaitement remis. Le postillon avait eu le temps de s'élancer à terre, au moment qui précéda la chute, et il s'enfuit dans la crainte d'être châtié. En sorte que ce terrible accident ne coûta la vie à personne : on ne saurait trop donner d'éloges à l'empressement avec lequel les habitans de Rumilly vinrent au secours de ces deux personnes, qui n'y étaient cependant pas connues, et les soignèrent jusqu'à ce qu'on fût venu les chercher de Genève ».

Une demi-lieue au-delà du Chéran, on traverse le Fier, autre petite rivière qui a creusé de même son lit à une profondeur considérable : elle porte au Rhône les eaux du lac d'Annecy.

La route va toujours en montant depuis là jusqu'à Mionas, et depuis ce hameau jusqu'au bout de la montagne de Clermont, d'où l'on jouit d'un coup d'œil assez étendu. La perspective, terminée à droite et à gauche par des montagnes secondaires, se prolonge au Nord jusqu'au Jura, et au Sud jusqu'aux Alpes, dont on n'a qu'une échappée de vue, en reportant ses regards en arrière.

M. de Saussure a trouvé cette sommité élevée

de 319 toises au-dessus du niveau de la mer. Au milieu de la côte longue et rapide qui descend à Frangy, était la limite du département du Léman, qu'on avait agrandi aux dépens de cette partie de la Savoie. Au pied de la même côte, on laisse à gauche la nouvelle route projetée de Genève à Lyon par Seissel : elle est faite jusqu'à cette petite ville, ancienne frontière de France, et premier port d'embarcation du Rhône, qui ne commence que là à devenir navigable. Peuplée de 2200 habitans, elle est située sur les deux rives, à peu de distance des deux embouchures du Fier, que nous venons de traverser, et de la Jusse que nous allons passer en arrivant au village de Frangy, dont elle n'est éloignée que de deux lieues.

Frangy est un chef-lieu de canton, peuplé de 600 habitans. Il y a un bureau de poste et une belle auberge au relais. Situé au fond d'un vallon, ce village est dominé par des coteaux de vigne qui produisent un vin blanc estimé.

On monte au sortir une côte moins haute, mais non moins rapide que celle qu'on a descendue en arrivant ; et l'on va presque toujours en montant, depuis le sommet de cette rampe jusqu'à celui du mont de Sion, plus élevé que la montagne de Clermont, d'après l'évaluation de M. de Saussure, qui lui a trouvé 14 toises de plus.

Le même auteur parle d'un village de Saint-Julien, près duquel sont des carrières de gypse. Ce village existe sans doute, puisque le savant genevois le cite ; mais il est à coup sûr peu remarquable, puisque je ne l'ai jamais remarqué.

Le Luizet est un hameau. On traverse la petite ville ou le gros bourg de Carouge avant Genève, où l'on se croit déjà arrivé ; mais on est bien étonné, en sortant, de revoir Genève à plus d'un quart de lieue devant soi. (*Voyez, pour cette ville la route de Paris à Genève ; et pour Carouge, la 3ᵉ. de Paris à Milan. — Parcouru depuis Chambéry jusqu'à Genève par Rumilly.* . . . . . . 23½ lieues.

FIN DE LA COMMUNICATION DE CHAMBÉRY A GENÈVE.

II.ᵉ COMMUNICATION
DE CHAMBÉRY A GENÈVE,
Par Annecy.
21 lieues ½.

	lieues.
Depuis Chambéry jusqu'à Albens (Voy. 1ʳᵉ. Communication)........	7
§ 3. D'albens à Annecy............	5

CETTE route cotoie la montagne des Bauges. Elle traverse, au bout de deux lieues, par une pente rapide, le village d'Albie, où serait fort bien placé un relais, si l'activité de cette route pouvait l'alimenter. Après ce village, elle franchit le Chéran, sur un pont de pierre très-haut, et continue à cotoyer ou gravir des collines fécondes en paysages et sites agrestes, jusqu'à celle qui descend dans la jolie plaine d'Annecy (*). (*V. pour cette ville et le reste de la route, la* 3ᵉ. *de Paris à Milan.* — *Parcouru depuis Chambéry jusqu'à Genève par Annecy*)........ 21 ½

N. B. Les changemens opérés dans les Gouvernemens et les délimitations politiques, n'ont pu influer que très-faiblement sur les faits qui servent de base à mes descriptions. Cependant comme mes dernières notes datent de 1811 et 1812, je ne puis pas répondre que les superficies n'aient éprouvé aucun changement. Des ponts ont pu être bâtis, d'autres renversés, des éboulemens ont pu changer les directions de quelques parties de route, sans que je doive ni en être garant, ni être taxé d'inexactitude. Il y a, au contraire, une exactitude recherchée à en prévenir mes lecteurs. Je n'ai décrit que *l'in statu quo* des époques de mon passage, et l'in statu quo de 1811 et 1812, pourrait bien ne pas être tout-à-fait celui de 1819, pour ce qui peut dépendre des caprices, soit de l'homme, soit de la nature. J'espère du moins que les villes et les montagnes n'auront subi aucun déplacement, quoique ce ne soit pas sans exemple.

Ces exemples, heureusement assez rares, tiennent toujours à des causes qui, sans être surnaturelles, sortent des lois ordinaires de la nature, telles que les tremblemens de terre, les affaissemens, les éboulemens de montagne, etc. Je n'en puis dire autant des routes et des rivières.

(*) Quoique la Savoie, qui formait le département français du Mont-Blanc, dès l'an 1792, (département dont on

APERÇU DE LA SAVOIE.

démembra dans la suite environ un tiers, lors de la réunion de Genève, pour compléter celui du Léman), soit rentrée dans les domaines du roi de Sardaigne, je ne supprimerai pas, en finissant de parcourir cette contrée, la courte note que je consacre toujours à chaque département, après en avoir décrit les diverses routes : seulement ce n'est point comme département du Mont-Blanc ni du Léman, puisqu'ils ne subsistent plus ; mais comme Duché de Savoie.

Ce Duché, dont la maison souveraine, l'une des plus anciennes de l'Europe, et des plus illustres par ses princes guerriers, a fini par monter sur le double trône du Piémont et de la Sardaigne, occupe tout le revers septentrional et oriental des Alpes, vers le milieu de cette grande chaîne, depuis les crêtes centrales qui le séparent du Piémont jusqu'au lac de Genève qui le sépare de la Suisse, et depuis les Alpes du Dauphiné jusqu'à celles du Valais.

Cette étendue, malgré les irrégularités de ses angles, présente une enceinte plus ou moins ovale, dont le long diamètre est d'environ 30 lieues, et le petit de 25, longueur et largeur mesurées à vol d'oiseau, ou sur la carte, ce qui est la même chose, l'un et l'autre de ces deux diamètres ne pouvant être parcourus, autrement que par des détours, des montées et des descentes sans nombre, qui en doubleraient le toisé.

Ces deux diamètres multipliés l'un par l'autre donnent une contenance de 750 lieues, qu'on peut porter à mille pour avoir la surface véritable, augmentée au moins dans cette proportion par les inégalités et les pentes des montagnes, qui occupent la plus grande partie de ce Duché.

Il renferme une population d'environ 500,000 âmes, ce qui fait 500 habitans par lieue carrée. Une grande partie de cette population habite les gorges et le penchant des montagnes. C'est de là que s'émigrent, tous les hivers, ces myriades de Savoyards qui viennent ramoner nos cheminées, décrotter nos souliers, jouer de la vielle, et montrer la marmotte. Les montagnes qu'ils abandonnent auraient peine à les nourrir. Elles ne sont pourtant pas entièrement dépourvues de ressources: presque toutes abondent en pâturages, et quelques pentes adoucies par la nature ou soutenues par des terrasses artificielles, fournissent à ce peuple laborieux un peu de seigle et d'avoine.

On peut diviser la Savoie en trois grandes zones : la première, celle des montagnes Alpines, au Sud et à l'Est; la seconde, celle des collines et montagnes Subalpines, au centre; la troisième, celle des collines et des plaines, au Nord et à l'Ouest.

Nous venons de parler de la première : elle renferme les trois provinces de la Maurienne, de la Tarentaise et du Faucigny ; la seconde, dominée par des hauteurs du second ordre, et entrecoupée de plaines et de coteaux richement cultivés, renferme les deux principales villes de la Savoie, Chambéry et Annecy; et ses deux principaux lacs, celui d'Annecy et du Bourget.

La troisième, qui avoisine ou borde le lac de Genève, est la plus riche des trois, et celle dont les habitans sont les plus heureux. C'est là qu'est la belle et fertile plaine du Chablais, le grenier de la Savoie, qui, au moyen de ce grenier, se suffit à elle-même.

Trois grandes rivières la traversent, en se dirigeant à

peu près de l'Est à l'Ouest. La principale, l'Isère, en arrose la plus belle vallée, formant la province de la Tarentaise, qui a pour chef-lieu Moutiers, et que nous avons parcourue dans toute sa longueur, depuis l'Hôpital jusqu'au Petit Saint-Bernard (3e. route de Paris à Milan). Son cours, depuis sa source au mont Iséran, jusqu'à son entrée dans le département de l'Isère, est d'environ 25 lieues.

La seconde, l'Arque, arrose la vallée de la Maurienne, qui a pour capitale Saint-Jean-de-Maurienne, et que nous avons décrite dans notre tome II (route de Paris à Turin). Son cours est également d'environ 25 lieues, depuis sa source, à 5 lieues au-delà de Lans-le-Bourg, dans le même groupe de montagnes qui donne naissance à l'Isère, jusqu'à son embouchure dans cette dernière, entre Conflans et Mont-Méliant.

La troisième, l'Arve, sort de la vallée de Chamouny, et se jette dans le Rhône, un peu au-dessous de Genève, après un cours d'environ 20 lieues, en n'ayant égard pour celle-là comme pour les deux autres, qu'aux grandes sinuosités qu'elles décrivent, et non à leurs divers et nombreux méandres, qui doubleraient la longueur de leur cours.

Ces trois grandes rivières, toutes les trois tributaires du Rhône, reçoivent elles-mêmes le tribut de toutes les autres grandes et petites rivières de cette partie du revers septentrional des Alpes. Plusieurs d'entr'elles, et notamment l'Arve, roulent des paillettes d'or parmi leurs cailloux; mais en si petite quantité que la recherche n'en est nullement profitable. La nature de ces cailloux varie à l'infini, comme celle des rochers et des montagnes qui les ont produits.

Au milieu de ces variétés, l'observateur aperçoit le système, à peu près constant, des roches primitives dans les montagnes du premier ordre, généralement, ou granitiques ou schisteuses, ou quartzeuses; et des roches secondaires dans les montagnes du second ordre, presque toutes calcaires, qui forment, en quelque manière, les premiers gradins de ce vaste amphithéâtre.

Lorsque la roche calcaire se montre sur les plus hautes montagnes, elle est ordinairement superposée aux granits ou aux porphyres. La plus haute de toutes (le Mont-Blanc), est entièrement granitique.

Elle est tellement sur la limite orientale de la Savoie et du pays d'Aoste, qu'on a douté si elle appartient véritablement au département auquel elle a donné son nom.

Les montagnes de la Savoie renferment tous les genres de minéraux, notamment l'argent et le fer, et produisent tous les genres de quadrupèdes et d'oiseaux alpins, l'ours, le chamois, le bouquetin, la marmotte, le lièvre blanc, l'aigle, le vautour, la perdrix blanche, ou poule de neige, etc., etc.

Les mœurs des Savoyards, que nous avons eu occasion de décrire ailleurs (t. II, 1re. route de Paris à Turin), ne sont pas sans quelques rapports avec celles des Valaisans décrites dans ce volume. Nous avons eu occasion de décrire aussi toutes les villes et les principaux bourgs, à fur et mesure qu'ils se sont présentés à nos regards.

———

La description du département du Léman, formé en très-grande partie, aux dépens de celui du Mont-Blanc, se trouve, en très-grande partie aussi, comprise dans celle de la Savoie. Le reste de ce département se composait de la ville et du territoire de Genève, ainsi que de la ville et du pays de Gex; villes et pays décrits dans la route de Paris à Genève.

L'aperçu des deux départemens piémontais de la Doire et de la Sesia, dont nous avons achevé de parcourir toutes les routes, a paru devoir être supprimé, soit parce qu'il l'ont été eux-mêmes dans les nouvelles divisions politiques du Piémont, soit parce que cette partie ultramontaine des états du roi de Sardaigne, ne forme point, comme la Savoie, une contrée à part, soit enfin, parce que les pays au-delà des Alpes semblent devoir moins nous intéresser, nous touchant de moins près que ceux qui sont en deçà.

FIN.

TABLE DES ROUTES

CONTENUES DANS CE VOLUME.

                                                   page

Première route de Paris à Milan par Genève, Sion et le Simplon.   1
Seconde route de Paris à Milan par le Mont-Cenis et Turin.   118
Troisième route de Paris à Milan par Genève, Annecy, le Petit Saint-Bernard et Aoste.   127
Description de Milan.   161
Communication de Genève à Lausanne.   195
Idem *de Lausanne à Saint-Maurice.*   203
Idem *de Martigny à Aoste.*   211
Idem *de Turin à Yvrée.*   228
Idem *de Chambéry à Genève par Rumilly.*   231
Idem *par Annecy.*   251

FIN DE LA TABLE DES ROUTES.

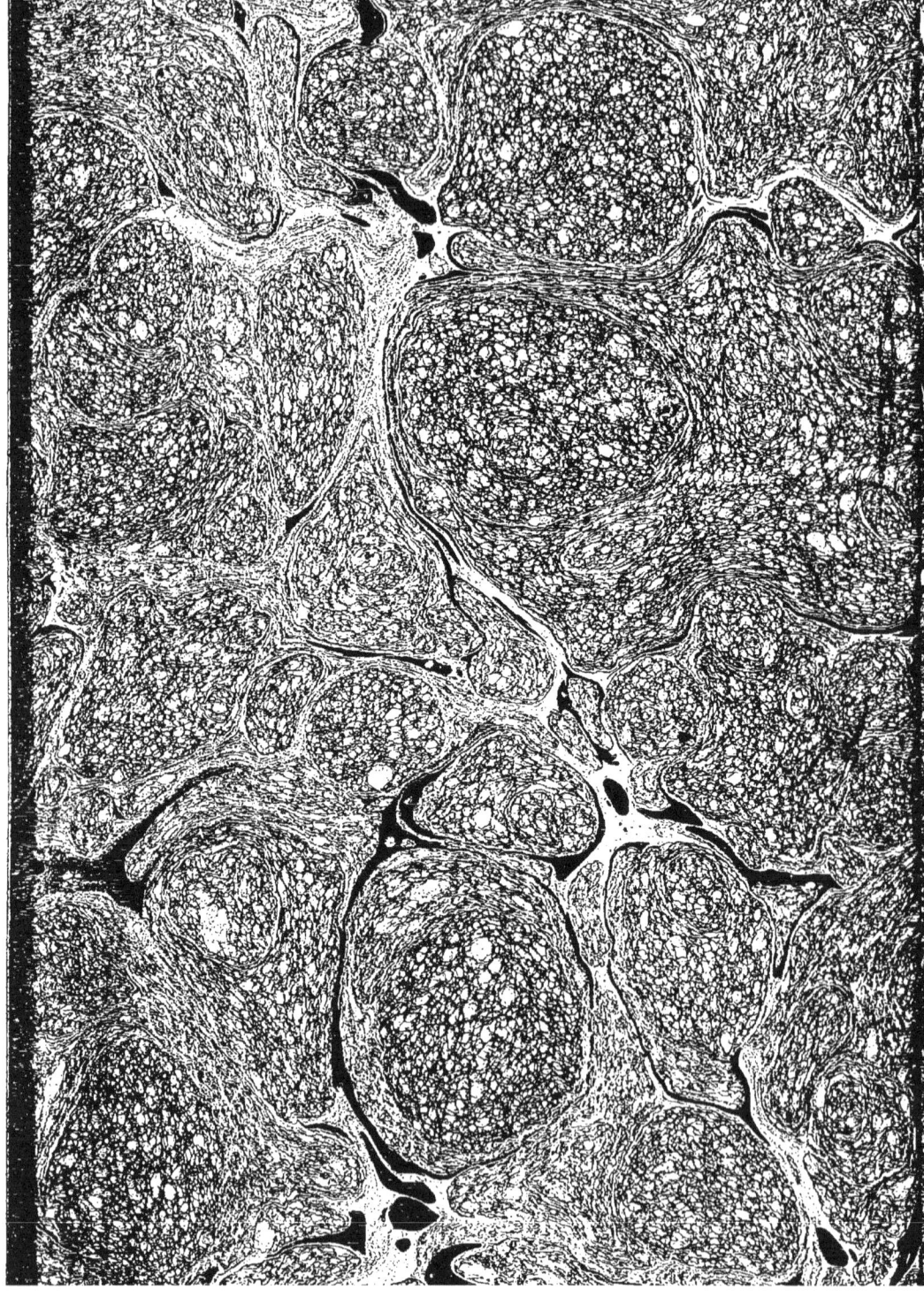

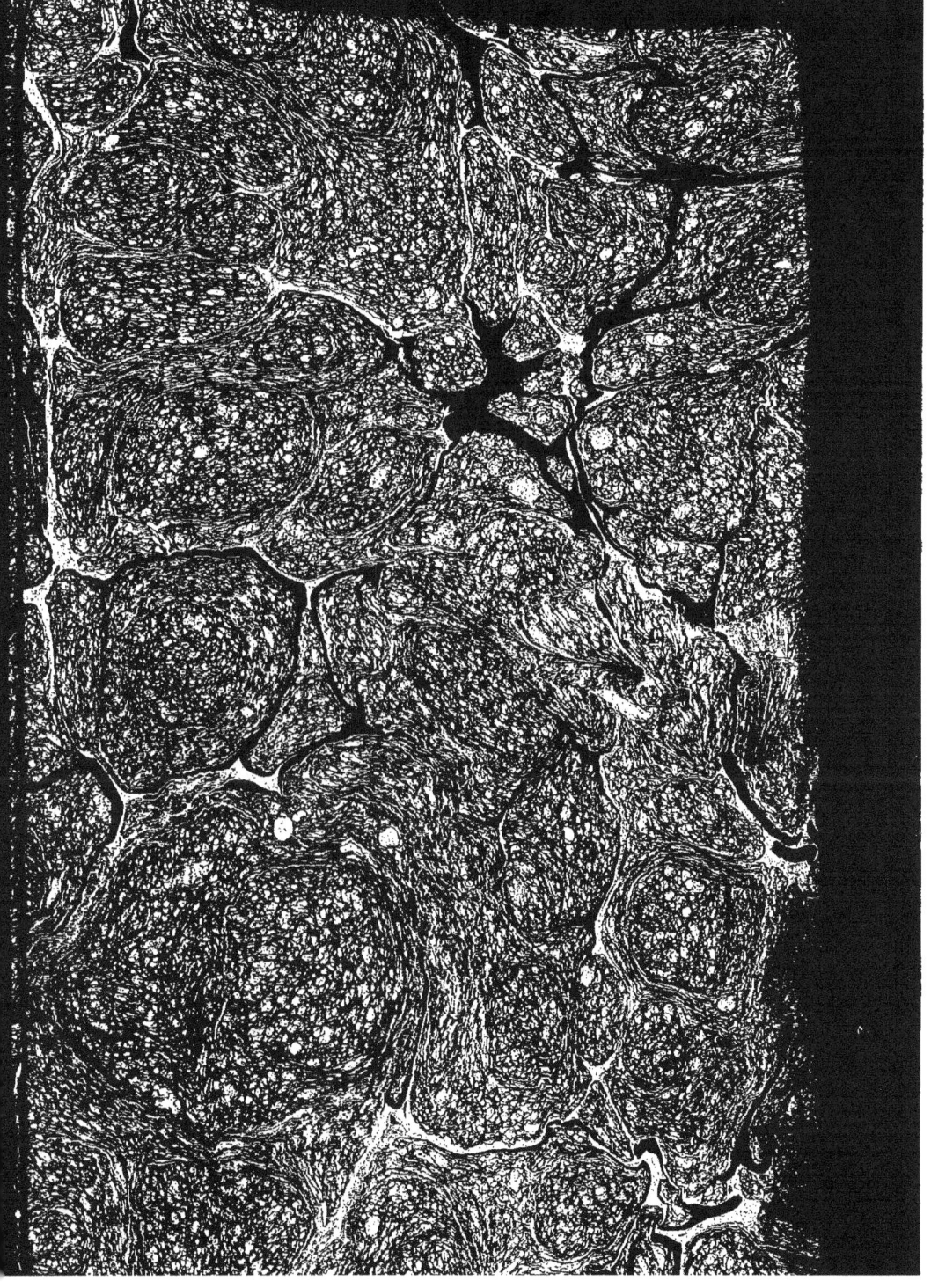

www.ingramcontent.com/pod-product-compliance
Lightning Source LLC
Chambersburg PA
CBHW050317170426
43200CB00009BA/1350